JN274728

耳にスイスイ
これで完璧！
韓国語の発音マスターノート

金珉秀

駿河台出版社

はじめに

単語や表現が分かっていてもなかなか聞き取れない韓国語！
この本はそのもどかしさを一気に解決してくれます。
韓国語の発音規則を完全にマスターし、ヒアリング力も鍛えましょう！

本書の特徴は？

❶ 本書は「ハングル」能力検定試験（5級、4級、3級、準2級）に出題される発音規則に完全対応しているので、韓国語の発音のスキルアップだけでなく、検定試験の対策としても最適です。詳しくは p. Ⅴをご覧ください。

❷ 韓国語のすべての発音規則が段階ごと（Ⅰ→Ⅱ→Ⅲ→Ⅳ）に丁寧に説明されているので、初級や中級の方だけでなく上級の方にも発音に迷った時の強い味方になります。

❸ 活用や発音だけでなく、ドラマや映画のタイトル、ことわざなど、実際によく使われる様々な練習問題を通して韓国語の発音を自然に身につけながら、楽しくヒアリング力をアップさせます。

❹ 練習問題や発音例は CD 番号が細かく割り当てられているので、聞きたい発音や気になる発音だけを繰り返し聞くことができます。

❺ 本書は自分で追加したい内容を書き込んだり、メモしたりするなど、ノートのように活用できます。

　最後に、本書を刊行するにあたり、企画を最初から見守っていただき、ご尽力いただいた駿河台出版社の関係者諸氏のご協力に感謝いたします。特に、編集長の上野名保子氏とイラストレーターのヨムソネ氏、駐日韓国文化院世宗学堂の事務局長兼理事の韓淑氏、三輪真弓氏には大変お世話になりました。心から感謝申し上げます。

2012 年　春
金 珉秀

本書の見方

①事前のウォーミングアップで自分の実力をテスト。

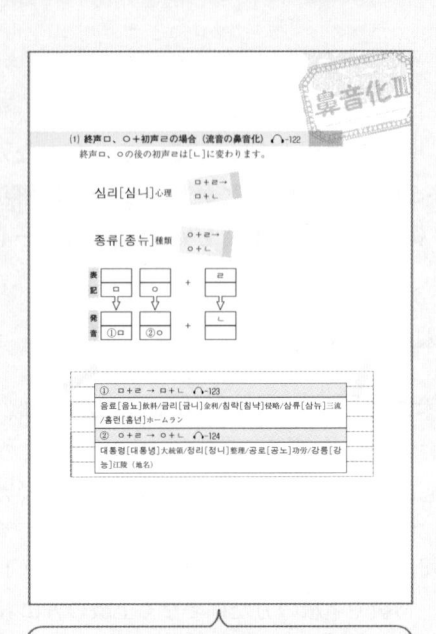

②詳しい発音規則の解説と豊富な発音例。

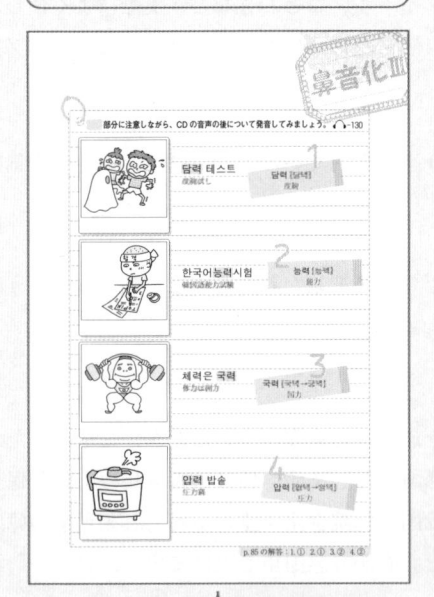

③ウォーミングアップの問題の確認と解説。

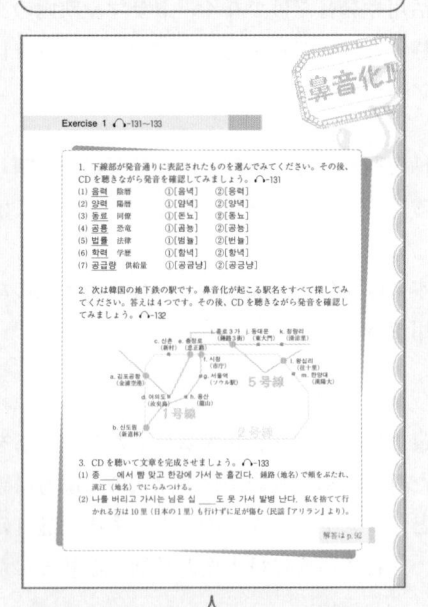

④さまざまな練習問題を通して最終チェック。

本書と「ハングル」能力検定試験に出題される発音規則との対応表

「ハングル」検定試験	本　書
5級	・母音、子音の発音（p.3、p.22） ・有声音化（p.17） ・連音化Ⅰ（p.35） ・鼻音化Ⅰの（1）（p.72）："ㅂ니다、ㅂ니까" ・濃音化Ⅰ（p.109） ・連音化Ⅱ（p.47）
4級	・終声（パッチム）（p.9） ・鼻音化Ⅰ（p.71） ・激音化Ⅰ（p.93） ・濃音化Ⅰ（p.109） ・鼻音化Ⅱ（p.79） ・激音化Ⅱ（p.103） ・濃音化Ⅱ（p.117） ・連音化Ⅲ（p.55） ・ㄴ音の挿入の一部（p.153）："못"否定文 ・数字における鼻音化（p.157） ・流音化（p.133） ・口蓋音化（p.161）
3級	・濃音化Ⅱ（p.117） ・濃音化Ⅲ（p.127） ・鼻音化Ⅲ（p.85） ・連音化Ⅳ（p.61）
準2級	・ㄴ音の挿入（p.149） ・話し言葉の発音（p.169）：ㅗ→ㅜの異形態

contents

【発音の基礎】

#3　　1. 平音・激音・濃音
#9　　2. 終声
#17　　3. 有声音化
#22　　4. 의の発音

【発音の規則】

#27　　1. 終声規則
#35　　2. 連音化Ⅰ
#47　　　　連音化Ⅱ
#55　　　　連音化Ⅲ
#61　　　　連音化Ⅳ
#71　　3. 鼻音化Ⅰ
#79　　　　鼻音化Ⅱ
#85　　　　鼻音化Ⅲ
#93　　4. 激音化Ⅰ
#103　　　激音化Ⅱ
#109　　5. 濃音化Ⅰ
#117　　　濃音化Ⅱ
#127　　　濃音化Ⅲ
#133　　6. 流音化
#139　　7. ㅎ弱化と無音化
#149　　8. ㄴ音の挿入
#161　　9. 口蓋音化

【おまけ】

#168　(1)「ㅖ」の発音
#168　(2) 用言の活用形に現れる
　　　　　「져、쪄、쳐」の発音
#169　(3) 語末の「ㅛ」の発音
#169　(4) 語末の「ㅗ」の発音
#170　(5) 頭音規則
#172　(6) 頭音規則の例外

発音の基礎 4

1. 平音・激音・濃音
2. 終声
3. 有声音化
4. 의の発音

WARMING-Up

平音・激音・濃音

CDを聴いて下線部の発音を選んでみましょう。 🎧-002

불을 _____.
①커요　②꺼요

버스를 _____.
①따요　②타요

차를 _____.
①빨아요　②팔아요

오늘은 _____.
①추워요　②주워요

解答は p.5

(1) 平音・激音・濃音 🎧-003

　韓国語の子音には、平音、激音、濃音というものがありますが、これらは形だけでなく、発音もとても似ています。まずそれぞれの発音の仕方を覚えて、次にCDを聴きながらそれぞれの音に慣れましょう。CDでは(1) 平音、(2) 激音、(3) 濃音の順で読みます。

(1) 平音	가 カ[ka]	다 タ[ta]	바 パ[pa]	자 チャ[tʃa]	사 サ[sa]
(2) 激音	카 カ[kʰa]	타 タ[tʰa]	파 パ[pʰa]	차 チャ[tʃʰa]	
(3) 濃音	까 ッカ[ʔka] すっかりの「っか」	따 ッタ[ʔta] ぴったりの「った」	빠 ッパ[ʔpa] さっぱりの「っぱ」	짜 ッチャ[ʔtʃa] ぽっちゃりの「っちゃ」	싸 ッサ[ʔsa] あっさりの「っさ」

(1) 平音は息がほとんど出ません。
(2) 激音は語頭、語中にかかわらず常に強く息が出る音です。平音より高めに発音します。発音記号の[ʰ]は強い息を伴うことを表します。
(3) 濃音は喉を緊張させ、息が出ないようにこらえながら発音します。語頭、語中にかかわらず常に無気音で濁りません。平音より高めに発音します。発音記号の[ʔ]は喉を緊張させることを表します。

TIP

　口元に手のひらやティッシュを垂らして、発音する時に手のひらに息が感じられたり、ティッシュが動いたりすると激音です。一方、手のひらに息が感じられなかったり、ティッシュがあまり動かなかったりすると平音と濃音です。

平音と濃音　　　激音

平音・激音・濃音

　　部分に注意しながら、CDの音声の後について発音してみましょう。 🎧-004

1

불을 **꺼**요.
電気を消します。

| 꺼요 | （電気を）消します |
| 커요 | 大きいです |

2

버스를 **타**요.
バスに乗ります。

| 타요 | 乗ります |
| 따요 | 取ります |

3

차를 **팔**아요.
車を売ります。

| 팔아요 | 売ります |
| 빨아요 | 洗濯します |

4

오늘은 **추**워요.
今日は寒いです。

| 추워요 | 寒いです |
| 주워요 | 拾います |

p.3の解答：1.② 2.② 3.② 4.①

Exercise 1 🎧-005〜009

1. ＿＿部分に注意しながら、CDの音声の後について発音してみましょう。

(1) ①골라 주세요. 選んでください。 🎧-005
　　②콜라 주세요. コーラください。

(2) ①어제 굴을 먹었어요. 昨日、牡蠣を食べました。
　　②어제 꿀을 먹었어요. 昨日、ハチミツを食べました。

(1)、(2) ㄱ、ㅋ、ㄲ の発音に注意！

(3) ①달이 참 예뻐요. 月が本当にきれいです。 🎧-006
　　②탈이 참 예뻐요. お面が本当にきれいです。
　　③딸이 참 예뻐요. 娘が本当にきれいです。

(4) ①뭐가 들렸어요? 何が聞こえましたか？
　　②뭐가 틀렸어요? 何が間違いですか？

(3)、(4) ㄷ、ㅌ、ㄸ の発音に注意！

(5) ①비를 좋아해요. 雨が好きです。 🎧-007
　　②피를 좋아해요. 血が好きです。

(6) ①도깨비 머리에 불이 났어요. 鬼の頭から火が出ました。
　　②도깨비 머리에 풀이 났어요. 鬼の頭に草が生えました。
　　③도깨비 머리에 뿔이 났어요. 鬼の頭に角が生えました。

(5)、(6) ㅂ、ㅍ、ㅃ の発音に注意！

(7) ①많이 자요. たくさん寝ます。 🎧-008
　　②많이 차요. とても冷たいです。
　　③많이 짜요. とてもしょっぱいです。

(8) ①전국에 많은 비가 내리고 있습니다. 全国にたくさんの雨が降っています。
　　②천국에 많은 비가 내리고 있습니다. 天国にたくさんの雨が降っています。

(7)、(8) ㅈ、ㅊ、ㅉ の発音に注意！

(9) ①잘 섞었어요. よく混ぜました。 🎧-009
　　②잘 썩었어요. よく腐りました。

(10) ①뭘 사요? 何を買いますか？
　　②뭘 싸요? 何を包みますか？

(9)、(10) ㅅ、ㅆ の発音に注意！

Exercise 2 🎧-010〜011

1. CDを聴いて発音されたものを選んでみましょう。🎧-010
   (1) _____를 사요.　車を買います。　　　　　①차　②자
   (2) _____을 삽니다.　ガムを買います。　　　①검　②껌
   (3) _____을 보러 왔어요.　部屋を見に来ました。　①방　②빵
   (4) _____을 주웠어요.　お金を拾いました。　①똥　②통　③돈
   (5) _____가 취미예요.　バレエが趣味です。　①빨래　②발레
   (6) 글씨를 예쁘게 _____.　字をきれいに書きます。　①서요　②써요
   (7) _____이 많아요.　コップが多いです。　①컵　②겁
   (8) _____는 대학생입니다.　私は大学生です。　①처　②저

2. CDを聴いてことわざを完成させましょう。🎧-011
   (1) _____은 안으로 굽는다.　腕は内側に曲がる。
   (2) _____는 물보다 진하다.　血は水よりも濃い。
   (3) _____ 먹은 벙어리.　はちみつを食べた口の利けない人。
   (4) _____ 심은 데 _____ 나고 팥 심은 데 팥 난다.
   　　大豆を植えたところに大豆が生えて、小豆を植えたところに小豆が生える。

解答は p.8

Exercise 2 (p.7) の答えと解説

1. (1) ①、(2) ②、(3) ①、(4) ③、(5) ②、(6) ②、(7) ①、(8) ②

   (1) ①차 車 ••• 激音　　　　②자 定規 ••• 平音
   (2) ①검 剣 ••• 平音　　　　②껌 ガム ••• 濃音
   (3) ①방 部屋 ••• 平音　　　②빵 パン ••• 濃音
   (4) ①똥 うんち ••• 濃音　　②통 桶 ••• 激音
   　　③돈 お金 ••• 平音
   (5) ①빨래 洗濯 ••• 濃音　　②발레 バレエ ••• 平音
   (6) ①서요 立ちます ••• 平音　②써요 書きます ••• 濃音
   (7) ①컵 コップ ••• 激音　　②겁 恐れ ••• 平音
   (8) ①처 妻 ••• 激音　　　　②저 私 ••• 平音

2. (1) 팔은 안으로 굽는다. 「他人より身内」という意味です。
   　　팔 腕 ••• 激音　　　cf) 발 足 ••• 平音
   (2) 피는 물보다 진하다. 他人よりも血縁関係の人とのつながりの方が強いという意味です。
   　　피 血 ••• 激音　　　cf) 비 雨 ••• 平音
   (3) 꿀 먹은 벙어리. 何も言わない人、しらを切る人という意味です。
   　　꿀 はちみつ ••• 濃音　cf) 굴 牡蠣 ••• 平音
   (4) 콩 심은 데 콩 나고 팥 심은 데 팥 난다. 「まかぬ種は生えぬ」という意味です。
   　　콩 豆 ••• 激音　　　cf) 공 ボール ••• 平音
   　　팥 あずき ••• 激音　cf) 밭 畑 ••• 平音

WARMING-Up

CDを聴いて下線部の発音を選んでみましょう。 🎧-012

1. 옷을 _____.
①익습니다　②입습니다

2. 그건 _____.
①사람이에요　②사랑이에요

3. 양말을 _____.
①신습니다　②심습니다

4. _____ 좀 주세요.
①무　②물

解答は p.12

終声

　韓国語の終声（パッチム）の発音が苦手な方も多いと思いますが、実は韓国語の終声はほとんど日本語にもある音です。したがって、それぞれの発音の仕方を身につければ簡単に発音できます。また、韓国語の終声の発音は次の(1)～(3)の7種類「ㄱ[k]、ㅂ[p]、ㄷ[t]、ㄴ[n]、ㅁ[m]、ㅇ[ŋ]、ㄹ[l]」だけなので、ここでマスターしましょう（他の終声は終声規則 p.27 参照）。

　それではまず、次の日本語を声に出して発音してみてください。それぞれの日本語を発音しながら、口の構え、舌の位置などを確かめてみましょう。

(1)「っ」の発音 🎧-013

「がっこう」のがっ　⇒　각　終声ㄱ[k]

> 舌を奥に引っ込めます。舌はどこにも付きません。

「アップ」のアッ　⇒　압　終声ㅂ[p]

> 唇をしっかり閉じます。

「たった」のたっ　⇒　닫　終声ㄷ[t]

> 舌先を上の歯と歯茎にしっかり付けます。

終声

(2) 「ん」の発音 🎧-014

「あんない」のあん ⇒ 안　終声ㄴ[n]

> 舌先を上の歯と歯茎にしっかり付けます。

「さんま」のさん ⇒ 삼　終声ㅁ[m]

> 唇をしっかり閉じます。

「リンゴ」のリン ⇒ 링　終声ㅇ[ŋ]

> 舌はどこにも付きません。

(3) 「る」の発音 🎧-015

「ある」のる ⇒ 알　終声ㄹ[l]

> [aru]ではなく[al]です。舌先を上歯茎に軽く付けます。

TIP

日本語の「る」は、最初に舌の先を上あごの歯茎より少し奥の方に当てて、その後、舌を離して発音します。韓国語の終声ㄹは、この「る」を発音する時に最初に舌の先が当たるところに舌先を軽く付けたまま発音すればOKです。英語のように巻き舌にならないように注意しましょう。

終声

部分に注意しながら、CDの音声の後について発音してみましょう。 🎧-016

1
옷을 입습니다.
服を着ます。

입습니다[입씁니다]
着ます（濃音化 p.109 参照）

익습니다[익씁니다]
煮えます（濃音化 p.109 参照）

2
그건 사랑이에요.
それは愛です。

사랑　愛
사람　人

3
양말을 신습니다.
靴下を履きます。

신습니다[신씁니다]
履きます（濃音化 p.117 参照）

심습니다[심씁니다]
植えます（濃音化 p.117 参照）

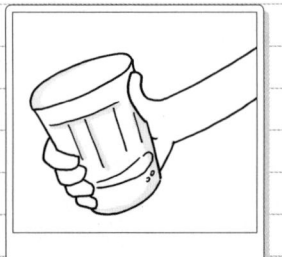

4
물 좀 주세요.
お水をください。

물　水
무　大根

p.9 の解答：1.②　2.②　3.①　4.②

Exercise 1 🎧-017~021

1. 終声の発音に注意しながら、CDの音声の後について発音してみましょう。

(1) ①기억 記憶　　②기업 企業 🎧-017　　[ㄱ、ㅂ、ㄷ]の発音に注意!
(2) ①작다 小さい　②잡다 つかむ
(3) ①곧 すぐ　　　②곡 曲

(4) ①방 部屋　　②반 半　　　③밤 夜、栗 🎧-018
(5) ①강 川　　　②간 肝臓　　③감 柿　　　[ㄴ、ㅁ、ㅇ]の発音に注意!
(6) ①산 山　　　②상 賞　　　③삼 3

(7) ①돌 石　　　　　　②도 道、道理 🎧-019　　[ㄹ]の発音に注意!
(8) ①달라요 違います　②달아요 甘いです

2. 次は家族の名称です。終声の発音に注意しながら、CDの音声の後について発音してみましょう。

(1) 🎧-020

a. 할아버지 おじいさん	b. 할머니 おばあさん	
c. 아버지 父	d. 어머니 母	e. 나 私
f. 언니 (妹から見た)姉	g. 오빠 (妹から見た)兄	
h. 누나 (弟から見た)姉	i. 형 (弟から見た)兄	
j. 남동생 弟	k. 여동생 妹	

(2) 🎧-021

a. 부부 夫婦	b. 남편 夫	c. 아내 妻	d. 아들 息子
e. 딸 娘	f. 형제 兄弟	g. 자매 姉妹	

Exercise 2 🎧-022

1. 次の韓国のファーストフード店の名前を読んで、どの店か当ててみてください。その後、CDを聴いて発音を確認してみましょう。

(1) 켄터키　　　　　　・　　　　　・a. セブン-イレブン（7-Eleven）

(2) 롯데리아　　　　　・　　　　　・b. バーガーキング（Buger king）

(3) 맥도날드　　　　　・　　　　　・c. ローソン（LAWSON）

(4) 로손　　　　　　　・　　　　　・d. ピザハット（Pizza Hut）

(5) 세븐 일레븐　　　・　　　　　・e. ミニストップ（Ministop）

(6) 에이엠 피엠　　　・　　　　　・f. マクドナルド（McDonald's）

(7) 버거킹　　　　　　・　　　　　・g. スターバックス（Starbucks）

(8) 스타벅스　　　　　・　　　　　・h. エーエム・ピーエム（am/pm）

(9) 피자헛　　　　　　・　　　　　・i. ケンタッキー（KFC）

(10) 미니스톱　　　　　・　　　　　・j. ロッテリア（LOTTERIA）

解答は p. 16

Exercise 3 🎧-023〜025

1. CDを聴いて発音されたものを選んでみましょう。🎧-023
   (1) 예쁜 _____ かわいい傘　　　　　①우상　②우산
   (2) 저도 _____. 私も分かりません。　①몰라요　②몰아요
   (3) ____ 가겠습니다. すぐ行きます（意志）。　①곧　②꼭
   (4) 푸른 _____ 青い山　　　　　　　①상　②삼　③산
   (5) 달콤한 _____ 甘いキャンディー　①사탄　②사탕

2. 下線部の発音に注意しながら、CDの音声の後について発音してみましょう。🎧-024
   (1) 무슨 곡 좋아하세요?　何の曲がお好きですか？
   (2) 박 선생님께 물어 보세요.　朴先生に聞いてみてください。
   (3) 비빔냉면 하나 주세요.　ビビン冷麺、1つください。

3. CDを聴いてことわざを完成させましょう。🎧-025
   (1) 제 눈에 _____.　自分の目に眼鏡。
   (2) 티끌 모아 _____.　ちりを集めて泰山。
   (3) _____도 나무에서 떨어진다.　猿も木から落ちる。

解答はp.16

Exercise 2 (p.14) の答えと解説

(1) –i、(2) –j、(3) –f、(4) –c、(5) –a、(6) –h、(7) –b、(8) –g、(9)–d、(10) –e

Exercise 3 (p.15) の答えと解説

1. (1) ②、(2) ①、(3) ①、(4) ③、(5) ②
   (1) ①우상 偶像 ••• 舌はどこにも付きません。
       ②우산 傘 ••• 舌を上の歯と歯茎にしっかり付けます。
   (2) ①몰라요 分かりません ••• 舌の先が上あごの歯茎の部分に当たります。
       ②몰아요 運転します ••• 母音の前の終声ㄹは連音化(p.35参照)するので[모라요]と発音します。
   (3) ①곧 すぐ ••• 「こった」の「こっ」。舌先を上の歯と歯茎にしっかり付けます。
       ②꼭 必ず ••• 「こっくり」の「こっ」。舌はどこにも付きません。
   (4) ①상 賞 ••• 舌はどこにも付きません。
       ②삼 3 ••• 「さんま」の「さん」。唇をしっかり閉じます。
       ③산 山 ••• 舌を上の歯と歯茎にしっかり付けます。
   (5) ①사탄 サタン ••• 舌を上の歯と歯茎にしっかり付けます。
       ②사탕 キャンディー ••• 舌はどこにも付きません。

2. (1) 곡 曲 ••• 「こっくり」の「こっ」。舌を奥に引っ込めます。
   (2) 박 朴 (苗字) ••• 「パック」の「パッ」。舌を奥に引っ込めます。
   (3) 비빔냉면 ビビン冷麺 (辛いヤンニョンジャンを混ぜた冷麺) ••• 「빔」は唇をしっかり閉じ、「냉」の時は舌はどこにも付きません。また、「면」は舌を上の歯と歯茎にしっかり付けて発音します。

3. (1) 제 눈의 안경. 「あばたもえくぼ」の意味です。
   (2) 티끌 모아 태산. 「ちりも積もれば山となる」という意味です。
   (3) 원숭이도 나무에서 떨어진다. どんな名人でも失敗することがあるという意味です。

3 有声音化

WARMING-Up

CDを聴いて下線部の発音を選んでみましょう。 🎧-026

눈물이 _____
① [글썽글썽] ② [클썽클썽]

가슴이 _____
① [두큰두큰] ② [두근두근]

얼굴이 _____
① [싱글벙글] ② [싱글펑클]

손이 _____
① [부들부들] ② [부틀푸틀]

解答は p.20

有声音化

　　ㄱ[k]、ㄷ[t]、ㅂ[p]、ㅈ[tʃ]の4つの子音は、語頭ではそのまま発音しますが、語頭以外((1) 母音と(2) 終声ㄴ、ㄹ、ㅁ、ㅇの後)では有声音(濁音)に変わり、[g]、[d]、[b]、[dʒ]と発音します。このような濁音化を有声音化といいます。

(1) 母音＋初声ㄱ、ㄷ、ㅂ、ㅈの場合 🎧-027

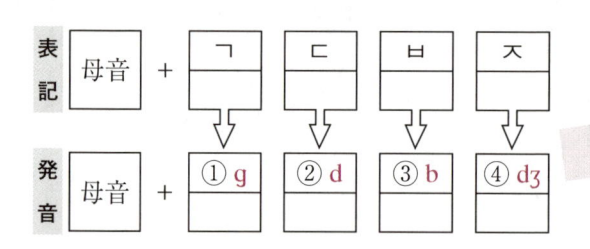

表記	母音	+	ㄱ	ㄷ	ㅂ	ㅈ	
発音	母音	+	① g	② d	③ b	④ dʒ	濁る

① ㄱは、語頭では濁りませんが、語頭以外では濁ります。
　　ex) 고[ko]　　기[ki]　　고기[kogi]　肉
　　　　　　　　　濁らない[k]　　濁る[g]

② ㄷは、語頭では濁りませんが、語頭以外では濁ります。
　　ex) 다[ta]　　도[to]　　다도[tado]　茶道
　　　　　　　　　濁らない[t]　　濁る[d]

③ ㅂは、語頭では濁りませんが、語頭以外では濁ります。
　　ex) 부[pu]　　부부[pubu]　夫婦
　　　　　　　　　濁らない[p]　　濁る[b]

④ ㅈは、語頭では濁りませんが、語頭以外では濁ります。
　　ex) 자[tʃa]　　주[tʃu]　　자주[tʃadʒu]　しばしば
　　　　　　　　　濁らない[tʃ]　　濁る[dʒ]

(2) 終声ㄴ、ㄹ、ㅁ、ㅇ＋初声ㄱ、ㄷ、ㅂ、ㅈの場合

終声ㄴ、ㄹ、ㅁ、ㅇの後に、初声ㄱ、ㄷ、ㅂ、ㅈが来る場合も有声音化します。

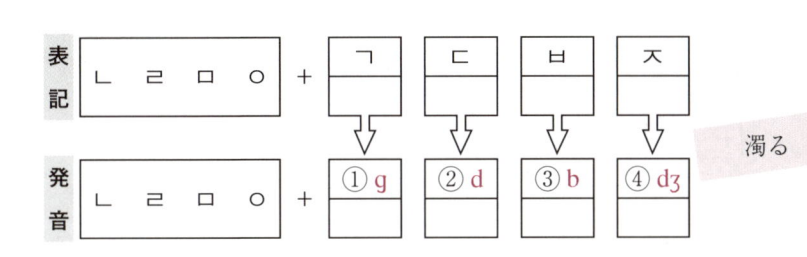

表記	ㄴ ㄹ ㅁ ㅇ	＋	ㄱ	ㄷ	ㅂ	ㅈ	
発音	ㄴ ㄹ ㅁ ㅇ	＋	① g	② d	③ b	④ dʒ	濁る

---

① ㄴ、ㄹ、ㅁ、ㅇ＋ㄱ → ㄴ、ㄹ、ㅁ、ㅇ＋g 🎧-028
한글[hangul]ハングル/한국[hanguᵏ]韓国/친구[tʃingu]友達/감기[kamgi]風邪/중국[tʃunguᵏ]中国
② ㄴ、ㄹ、ㅁ、ㅇ＋ㄷ → ㄴ、ㄹ、ㅁ、ㅇ＋d 🎧-029
순두부[sundubu]スンドゥブ/돌담[toldam]石垣/남대문[namdɛmun]南大門（地名）/동대문[toŋdɛmun]東大門（地名）/명동[mjɔŋdoŋ]明洞（地名）
③ ㄴ、ㄹ、ㅁ、ㅇ＋ㅂ → ㄴ、ㄹ、ㅁ、ㅇ＋b 🎧-030
준비[tʃunbi]準備/선배[sonbɛ]先輩/일본[ilbon]日本/담배[tambɛ]タバコ/공부[koŋbu]勉強/갈비[kalbi]カルビ
④ ㄴ、ㄹ、ㅁ、ㅇ＋ㅈ → ㄴ、ㄹ、ㅁ、ㅇ＋dʒ 🎧-031
간장[kandʒaŋ]醤油/반지[pandʒi]指輪/불조심[puldʒosim]火の用心/감자[kamdʒa]ジャガイモ/남자[namdʒa]男/공장[koŋdʒaŋ]工場

有声音化

部分に注意しながら、CDの音声の後について発音してみましょう。 🎧-032

1

눈물이 글썽글썽
涙がうるうる

글썽글썽 [kɯlsʔoŋgɯlsʔoŋ]
うるうる

2

가슴이 두근두근
胸がドキドキ

두근두근 [tugɯndugɯn]
ドキドキ

3

얼굴이 싱글벙글
顔がにこにこ

싱글벙글 [siŋgɯlbəŋgɯl]
にこにこ

4

손이 부들부들
手がぶるぶる

부들부들 [pudɯlbudɯl]
ぶるぶる

p.17の解答：1.① 2.② 3.① 4.①

Exercise 1 🎧-033〜034

1. 次は韓国語の擬態語や擬声語が含まれた表現です。CDの音声の後について発音してみましょう。🎧-033
   (1) 찌개가 부글부글　　チゲがぐつぐつ
   (2) 구름이 뭉게뭉게　　雲がもくもく
   (3) 산길이 꾸불꾸불　　山道がくねくね
   (4) 구두가 반들반들　　くつがぴかぴか
   (5) 고기가 지글지글　　肉がジュージュー
   (6) 시냇물이 졸졸　　　小川がちょろちょろ

2. 次は童話や映画のタイトルです。CDの音声の後について発音してみましょう。🎧-034
   (1) 『백설공주와 일곱 난쟁이』　白雪姫と七人のこびと
   (2) 『아기돼지 삼형제』　三匹の子豚
   (3) 『잠자는 숲속의 미녀』　眠れる森の美女
   (4) 『알라딘의 요술램프』　アラジンの魔法のランプ
   (5) 『추억은 방울방울』　おもいでぽろぽろ
   (6) 『귀를 기울이면』　耳をすませば
   (7) 『마녀 배달부 키키』　魔女の宅急便
   (8) 『전쟁과 평화』　戦争と平和
   (9) 『인어공주』　人魚姫
   (10) 『바람과 함께 사라지다』　風とともに去りぬ

의の発音

의は、(1) 語頭ではスペル通りに[의](唇を横にひいて[ウィ])と発音します。(2) 語中と語末では[의]が原則ですが、会話では[이]と発音します。ただし、(3) ㅇ以外の子音が伴う「ㅢ」は必ず[이]と発音します。また、(4) 助詞「の」は[의]が原則ですが、会話では[에]と発音します。

	発音	例	
(1) 語頭の「의」 🎧-035	[의]	의사[의사]医者 의자[의자]椅子 의미[의미]意味 의무[의무]義務 의도[의도]意図	語頭では [ウィ]
(2) 語中・語末の「의」 🎧-036	[의]（原則） [이]（許容）	거의[거의]/[거이]ほとんど 회의[회의]/[회이]会議 예의[예의]/[예이]礼儀 편의점[펴늬점]/[펴니점]コンビニ 문의[무늬]/[무니]問合せ	語中・語末 では[イ]
(3) ㅇ以外の子音が伴う「ㅢ」 🎧-037	[이]	무늬[무니]模様 희망[히망]希望 흰색[힌색]白色 띄어쓰기[띠어쓰기]分かち書き	子音の後では[イ]
(4) 助詞の「의」 🎧-038	[의]（原則） [에]（許容）	친구의[친구의]/[친구에] 가방 　友達の鞄 나의[나의]/[나에] 가족 　私の家族 우리의[우리의]/[우리에] 미래 　私達の未来	助詞は [エ]

＊電話番号の「의」も助詞「の」と同様に[에]と発音します。
ex) 090-3782-4521　[공구공에 삼칠팔이에 사오이일]

Exercise 2 🎧-039〜040

1. 下線部の「의」の発音に注意しながら、CD の音声の後について発音してみましょう。🎧-039
(1) 『바람 계곡<u>의</u> 나우시카』　風の谷のナウシカ
(2) 『천공<u>의</u> 성 라퓨타』　天空の城ラピュタ
(3) 『센과 치히로<u>의</u> 행방불명』　千と千尋の神隠し
(4) 『하울<u>의</u> 움직이는 성』　ハウルの動く城
(5) 『벼랑 위<u>의</u> 포뇨』　崖の上のポニョ

2. 下線部の「의」の発音に注意しながら、CD の音声の後について発音してみましょう。🎧-040
(1) 이 말<u>의</u> <u>의</u>미가 뭐예요? この言葉の意味は何ですか？
(2) 저<u>희</u> 집에 한번 놀러 오세요. 我が家に一度遊びに来てください。
(3) <u>의</u>사 선생님<u>의</u> <u>의</u>견을 듣고 싶습니다. （医者である）先生のご意見をお伺いしたいです。
(4) <u>의</u>자<u>의</u> 무늬가 정교하고 아름답네요. 椅子の模様が精巧で美しいですね。
(5) 회<u>의</u> 결과에 이<u>의</u>가 있으신 분들은 <u>의</u>견을 제시해 주시기 바랍니다.
会議の結果に異議がおありの方はご意見を提示していただきますようお願い申し上げます。

解答は p.24

의の発音

Exercise 2 (p.23) の答えと解説

1. (1)〜(5)の의は、すべて助詞の의なので、[의(原則)]または[에(許容)]と発音します。CDでは会話で普通使われる[에(許容)]で読みます。
   (1) 계곡의[계고긔]/[계고게]谷の （連音化 p.35 参照）
   (2) 천공의[천공의]/[천공에]天空の
   (3) 치히로의[치히로의]/[치히로에]千尋の
   (4) 하울의[하우릐]/[하우레]ハウルの （連音化 p.35 参照）
   (5) 위의[위의]/[위에]上の

2. CDでは会話で普通使われる発音（許容）で読みます。
   (1) 助詞の의は、[의(原則)]または[에(許容)]と発音します。
       ••• 말의[마릐]/[마레]言葉の （連音化 p.35 参照）
       語頭では[의]と発音します。 ••• 의미가[의미가]意味が
   (2) ㅇ以外の子音が伴う「ㅢ」は必ず[이]と発音します。
       ••• 저희[저희]/[저이]私ども
       *저희のㅎの音は弱くなって、[저이]と発音される場合があります（ㅎ弱化 p.139 参照）。
   (3) 語頭の의は[의]と発音します。
       ••• 의사[의사]医者、의견을[의겨늘]意見を （連音化 p.35 参照）
       助詞の의は、[의(原則)]または[에(許容)]と発音します。
       ••• 선생님의[선생니믜]/[선생니메]先生の （連音化 p.35 参照）
   (4) 語頭の의は[의]、助詞の의は[의(原則)]または[에(許容)]と発音します。
       ••• 의자의[의자의]/[의자에]椅子の
       ㅇ以外の子音が伴う「ㅢ」は必ず[이]と発音します。
       ••• 무늬가[무니가]模様が
   (5) 語中・語末の의は[의(原則)]または[에(許容)]と発音します。
       ••• 회의[회의]/[회이]会議、이의가[이의가]/[이이가]異議が
       語頭の의は[의]と発音します。 ••• 의견을[의겨늘]意見を（連音化 p.35 参照）

発音の規則

파이팅!!
규칙

1. 終声規則
2. 連音化 Ⅰ Ⅱ Ⅲ Ⅳ
3. 鼻音化 Ⅰ Ⅱ Ⅲ
4. 激音化 Ⅰ Ⅱ
5. 濃音化 Ⅰ Ⅱ Ⅲ
6. 流音化
7. ㅎ弱化と無音化
8. ㄴ音の挿入
9. 口蓋音化

WARMING-up

終声規則

CDを聴いて下線部の発音を選んでみましょう。 🎧-041

강아지
① [강가지]　② [강아지]

벚꽃
① [벅꼭]　② [벋꼳]

무릎
① [무릅]　② [무름]

삶
① [살]　② [삼]

解答は p.30

(1) 終声規則 🎧-042

韓国語の終声（パッチム）は 27 個（下表の終声字母の表記参照）ありますが、実際は「ㄱ、ㄴ、ㄷ、ㄹ、ㅁ、ㅂ、ㅇ」の 7 つの子音のみで発音されます。これを終声規則といいます。

복[복]福　　부엌[부억]台所　　밖[박]外　　ㄱ、ㅋ、ㄲ → ㄱ

빗[빋]くし　　빚[빋]借金　　빛[빋]光　　ㅅ、ㅈ、ㅊ → ㄷ

(2) 二重子音の終声の場合 🎧-043

2 つの子音字母でできている二重子音の終声はどちらか 1 つだけを発音しますが、基本的に가나다順の早い方を発音します（p.31 子音の名前順参照）。

> 가나다順でㄹよりㄱの方が早い

읽다[익따]読む（濃音化 p.109 参照）

많다[만타]多い（激音化 p.103 参照）

> 가나다順でㅎよりㄴの方が早い

表記	ㄱㅋㄲ ㄳ*ㄺ	ㄴ ㄵㄶ	ㄷㅌㅅㅆㅈㅊㅎ	ㄹ *ㄼㄽㄾㅀ	ㅁ *ㄻ	ㅂㅍ ㅄ*ㄿ	ㅇ
発音	①ㄱ	②ㄴ	③ㄷ	④ㄹ	⑤ㅁ	⑥ㅂ	⑦ㅇ

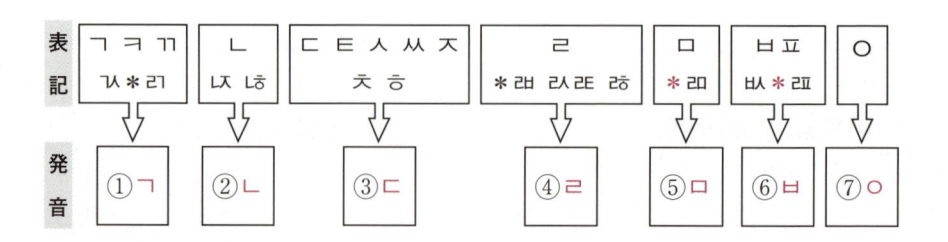

①[ㄱ] 🎧-044	책[책]本/약[약]薬/국[국]スープ/떡[떡]餅/한국[한국]韓国/역[역]駅/부엌[부억]台所/밖[박]外/넋[넉]魂/몫[목]分け前/*읽다[익따]読む	
②[ㄴ] 🎧-045	눈[눈]目、雪/손[손]手/돈[돈]お金/사진[사진]写真/앉다[안따]座る	
③[ㄷ] 🎧-046	듣다[듣따]聞く/옷[옫]服/빗[빋]くし/맛[맏]味/무엇[무얻]何/이것[이걷]これ/밭[받]畑/있다[읻따]いる、ある/낮[낟]昼/낯[낟]顔	
④[ㄹ] 🎧-047	딸[딸]娘/아들[아들]息子/일본[일본]日本/여덟[여덜]8つ/외곬[외골]一途/핥다[할따]舐める/싫다[실타]いやだ/*넓다[널따]広い	
⑤[ㅁ] 🎧-048	몸[몸]体/기름[기름]油/사람[사람]人/소금[소금]塩/*젊다[점따]若い	
⑥[ㅂ] 🎧-049	입[입]口/밥[밥]ご飯/십[십]10/잎[입]葉/무릎[무릅]ひざ/값[갑]値段/없다[업따]いない、ない/*읊다[읍따]詠む/*밟다[밥따]踏む	
⑦[ㅇ] 🎧-050	강[강]川/공부[공부]勉強/가방[가방]かばん/설탕[설탕]砂糖/영어[영어]英語/고양이[고양이]猫/노래방[노래방]カラオケ	

> **TIP**
>
> 二重子音の終声は基本的に가나다順で読みますが、例外もあります。
> (1) *ㄻの場合：ㄻは「ㅁ」を読む。ex) 젊다[점따]若い、삶[삼]人生
> (2) *ㄿの場合：ㄿは「ㅍ」を読む。ex) 읊다[읍따]詠む
> (3) *ㄺの例外：ㄺは基本的に「ㄱ」を読むが、ㄺの後にㄱが来ると、「ㄹ」の方を読む。
>   ex) 읽고[일꼬]読んで、맑곘어요[말께써요]晴れるでしょう
> (4) *ㄼの例外：ㄼは「ㄹ」を読むが、次のような例外もある。
>   ① 「밟다[밥따]踏む」は例外的に「ㅂ」を読む。
>   ② 「넓다[널따]広い」の派生語、合成語は例外的に「ㅂ」を読む。
>   ex) 넓적하다[넙쩌카다]平たい、넓죽하다[넙쭈카다]広い

終声規則

部分に注意しながら、CDの音声の後について発音してみましょう。 🎧-051

1

강아지
子犬

강아지 [강아지] 子犬
＊[강가지]と発音しない。

2

벚꽃
桜

벚꽃 [벋꼳] 桜
＊終声ㅈ、ㅊの発音は[ㄷ]。

3

무릎
ひざ

무릎 [무릅] ひざ
＊終声ㅍの発音は[ㅂ]。

4

삶
人生

삶 [삼] 人生
＊終声ㄻの発音は[ㅁ]。

p.27の解答：1.② 2.② 3.① 4.②

Exercise 1 🎧-052

次は韓国語の子音の名前ですが、これらの名前がちゃんと発音できれば、韓国語の終声はマスターしたことになります。終声の発音に注意しながら、CDの音声の後について発音してみましょう（終声 p.9 参照）。

子音	名称	終声の発音
① ㄱ	기역 [기역]	ㄱ [k]
② ㄴ	니은 [니은]	ㄴ [n]
③ ㄷ	디귿 [디귿]	ㄷ [t]
④ ㄹ	리을 [리을]	ㄹ [l]
⑤ ㅁ	미음 [미음]	ㅁ [m]
⑥ ㅂ	비읍 [비읍]	ㅂ [p]
⑦ ㅅ	시옷 [시옫]	ㄷ [t]
⑧ ㅇ	이응 [이응]	ㅇ [ŋ]
⑨ ㅈ	지읒 [지읃]	ㄷ [t]
⑩ ㅊ	치읓 [치읃]	ㄷ [t]
⑪ ㅋ	키읔 [키윽]	ㄷ [t]
⑫ ㅌ	티읕 [티읃]	ㄷ [t]
⑬ ㅍ	피읖 [피읍]	ㅂ [p]
⑭ ㅎ	히읗 [히읃]	ㄷ [t]
⑮ ㄲ	쌍기역 [쌍기역]	ㄱ [k]
⑯ ㄸ	쌍디귿 [쌍디귿]	ㄱ [k]
⑰ ㅃ	쌍비읍 [쌍비읍]	ㅂ [p]
⑱ ㅆ	쌍시옷 [쌍시옫]	ㄷ [t]
⑲ ㅉ	쌍지읒 [쌍지읃]	ㄷ [t]

発音は、
[ㄱ、ㄴ、ㄷ、ㄹ、ㅁ、ㅂ、ㅇ]
の7つのみです。

TIP

子音に母音「ㅣ」をつけて、次に「ㅇ」の下にその子音を書くと韓国語の子音の名前になります（ex．ㄴ→니은）。ただし、「ㄱ、ㄷ、ㅅ」は2文字目が他とは少し違いますので、注意しましょう。また、「ㄲ、ㄸ、ㅃ、ㅆ、ㅉ」には、1文字目に「쌍（二つ）」を付けます。

Exercise 2 🎧-053

　日本の十二支は「ねずみ、牛、トラ、うさぎ、龍、ヘビ、馬、羊、猿、鶏、犬、イノシシ」ですが、韓国では「イノシシ」の代わりに「豚」が入ります。韓国では、豚は縁起のよい動物とされていて、特に豚の夢は金運がよくなるといわれています。そこで、貯金箱も豚の形が定番になっています。ちなみに、タイ、チベット、ベトナムなどでは「うさぎ」の代わりに「猫」が入っているそうです。
　それでは、CDの音声の後について韓国の十二支を発音してみましょう。

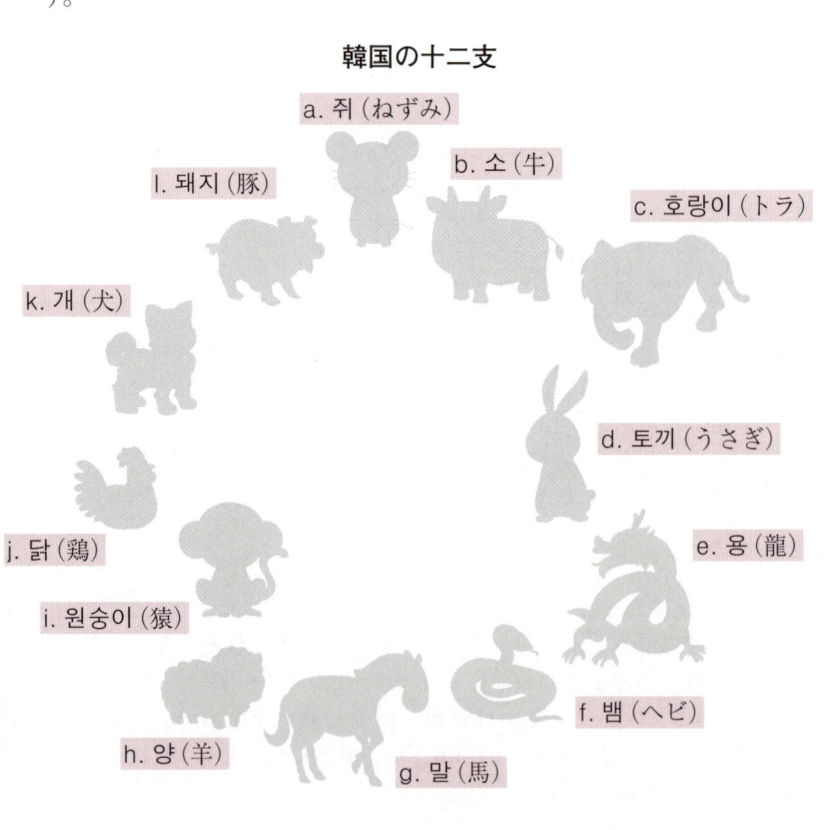

韓国の十二支

a. 쥐（ねずみ）
b. 소（牛）
c. 호랑이（トラ）
d. 토끼（うさぎ）
e. 용（龍）
f. 뱀（ヘビ）
g. 말（馬）
h. 양（羊）
i. 원숭이（猿）
j. 닭（鶏）
k. 개（犬）
l. 돼지（豚）

Exercise 3 🎧-054〜055

1. 下線部が発音通りに表記されたものを選んでみてください。その後、CDを聴きながら発音を確認してみましょう。🎧-054

(1) 양념통닭 만드는 법　味付け（ヤンニョム）チキンの作り方　　①[통달]　②[통닥]
(2) 삶　人生　　①[살]　②[삼]
(3) 밤과 낮　夜と昼　　①[낙]　②[낟]
(4) 여덟 명　8名　　①[여덜]　②[여덥]
(5) 봄、여름、가을、겨울　春、夏、秋、冬　　①[여른]　②[여름]
(6) 머리、어깨、무릎、발　頭、肩、膝、足　　①[무릅]　②[무특]
(7) 나가는 곳　出口　　①[곧]　②[곡]
(8) 강아지와 고양이　子犬と猫　　①[고양기]　②[고양이]
(9) 시작과 끝　始めと終わり　　①[끈]　②[끋]
(10) 달과 별　月と星　　①[벼]　②[별]

2. CDを聴いてことわざを完成させましょう。🎧-055
(1) 꿩 대신 _____.　キジの代わりに鶏。
(2) _____도 제 말하면 온다.　トラも自分の話をすれば来る。

解答は p. 34

Exercise 3 (p.33) の答えと解説

1. (1) ②통닭[통닥]鶏の丸焼き
   - 가나다順で左側のㄹより右側ㄱの方が早いので「ㄱ」の方を発音します。

   (2) ②삶[삼]人生
   - 終声ㄻは例外的に「ㅁ」の方を発音します。

   (3) ②낮[낟]昼
   - 終声規則によって、終声ㅈは代表音[ㄷ]と発音します。

   (4) ①여덟[여덜]8つ
   - 가나다順で左側のㄹが右側ㅂより早いので「ㄹ」の方を発音します。

   (5) ②여름[여름]夏
   - 終声ㅁはそのまま[ㅁ]と発音します。

   (6) ①무릎[무릅]膝
   - 終声ㅍは代表音[ㅂ]と発音します。

   (7) ①곳[곧]所
   - 終声ㅅは[ㄷ]と発音します。

   (8) ②고양이[고양이]猫
   - 終声ㅇはそのまま[ㅇ]と発音します。

   (9) ②끝[끋]終わり
   - 終声ㅌは[ㄷ]と発音します。

   (10) ②별[별]星
   - 終声ㄹはそのまま[ㄹ]と発音します。

2. (1) 꿩 대신 닭. 少し劣るが似たようなもので代用するという意味です。
   닭[닥] ••• 가나다順で右側のㄱが左側ㄹより早いので「ㄱ」の方を発音します。

   (2) 호랑이도 제 말하면 온다. 「噂をすれば影がさす」という意味です。
   호랑이[호랑이] ••• 終声ㅇはそのまま[ㅇ]と発音します。

2 連音化

WARMING-UP

CDを聴いて下線部の発音を選んでみましょう。 🎧-056

1
산소 같은 여자
① [산소가튼]　② [산소가든]

2
사랑은 유리 같은 것
① [사랑은]　② [사랑근]

3
이것저것 샀어요.
① [사서요]　② [사써요]

4
뭐가 좋아요?
① [조하요]　② [조아요]

解答は p.38

連音化I

(1) 連音化 🎧-057

終声の後に母音が続くと、その終声は次の母音の「ㅇ」の位置に移動して次の母音の初声として発音されます。このような発音変化を連音化といいます。たとえば、단어（単語）は[タンオ（tan＋o）]ではなく、「タノ（tano）」と発音します。

단어 [다너] 単語
한국어 [한구거] 韓国語
일본어 [일보너] 日本語

(2) ㅇの場合 🎧-058

終声がㅇの場合は、連音化しません。終声ㅇは次の母音の「ㅇ」の位置に移動せずに、そのまま発音します。この場合の「ㅇ」は鼻濁音（鼻にかかったガ行音）に聞こえますが、日本人が鼻濁音で発音すると韓国人には「ㄱ」と聞こえてしまうので、終声ㅇははっきり発音しましょう。

강아지 [강아지] 子犬
송아지 [송아지] 子牛

終声ㅇは連音化しません。

(3) 濃音ㄲとㅆの場合 🎧-059

ㄲとㅆは平音が2つ組み合わさった濃音なので、1つの子音として捉えます。したがって、ㄲとㅆはすべて次の母音の「ㅇ」の位置に移動して発音されます。

깎아요 [까까요] 値切ります

있어요 [이써요] います、あります

(4) ㅎの場合 🎧-060

終声ㅎの後に母音が来る時は、ㅎは発音しません（ㅎの無音化 p.139 参照）。

좋아요 [조아요] いいです　　ㅎは無音化します。

여기에 놓으세요 [노으세요] ここに置いてください

(5) 助詞や指定詞などの依存的な要素が続く場合 🎧-061

終声の後に助詞や指定詞「-이다（〜である）、-입니다（〜です）」などが続く場合も連音化します。

밥이 [바비] ご飯が　　助詞

밥이에요 [바비에요] ご飯です

指定詞

部分に注意しながら、CDの音声の後について発音してみましょう。 🎧-062

連音化工

1
산소 같은 여자
酸素のような女性

산소 같은[산소가튼]
酸素のような

2
사랑은 유리 같은 것
恋はガラスのようなもの

사랑은[사랑은]
恋は

3
이것저것 샀어요.
あれこれ買いました。

샀어요[사써요]
買いました

4
뭐가 좋아요?
何がいいですか？

좋아요?[조아요]
いいですか？

p.35 の解答：1.① 2.① 3.② 4.②

Exercise 1 🎧-063

　韓国語の助詞「が（가 / 이）、は（는 / 은）、を（를 / 을）」は、直前の語が終声で終わるかどうかによって使い分けますが、直前の名詞が終声で終わる場合はそれぞれ「が（이）、は（은）、を（을）」を使います。そして、これらの助詞が来る際には連音化が起こります。それでは、連音化の部分に注意しながら CD の音声の後について発音してみましょう。CD ではまず単語を読み、次に助詞「이（が）、은（は）、을（を）」をそれぞれくっつけて読みます。

終声	例	이 が	은 は	을 を
① ㄱ	책[책]本	책이[채기]	책은[채근]	책을[채글]
② ㄴ	손[손]手	손이[소니]	손은[소는]	손을[소늘]
③ ㄹ	발[발]足	발이[바리]	발은[바른]	발을[바를]
④ ㅁ	몸[몸]体	몸이[모미]	몸은[모믄]	몸을[모믈]
⑤ ㅂ	밥[밥]ご飯	밥이[바비]	밥은[바븐]	밥을[바블]
⑥ ㅅ	옷[옫]服	옷이[오시]	옷은[오슨]	옷을[오슬]
⑦ ㅇ	방[방]部屋	방이[방이]	방은[방은]	방을[방을]
⑧ ㅈ	낮[낟]昼	낮이[나지]	낮은[나즌]	낮을[나즐]
⑨ ㅊ	꽃[꼳]花	꽃이[꼬치]	꽃은[꼬츤]	꽃을[꼬츨]
⑩ ㅋ	부엌[부억]台所	부엌이[부어키]	부엌은[부어큰]	부엌을[부어클]
⑪ ㅍ	앞[압]前	앞이[아피]	앞은[아픈]	앞을[아플]
⑫ ㄲ	밖[박]外	밖이[바끼]	밖은[바끈]	밖을[바끌]

連音化工

Exercise 2 🎧-064

　用言（動詞や形容詞）の場合、終声で終わる語幹（基本形の-다を取った部分）は次に母音から始まる語尾が来ると連音化します。連音化の部分に注意しながら、CDの音声の後について発音してみましょう。CDではまず単語を読み、次に「-어/아요、-어/아서、-(으)세요」をそれぞれくっつけて読みます。

終声	例	-어/아요 〜です・ます	-어/아서 〜して	-(으)세요 〜してください
① ㄷ	받다[받따]もらう	받아요[바다요]	받아서[바다서]	받으세요[바드세요]
	믿다[믿따]信じる	믿어요[미더요]	믿어서[미더서]	믿으세요[미드세요]
② ㅅ	웃다[욷따]笑う	웃어요[우서요]	웃어서[우서서]	웃으세요[우스세요]
	빗다[빋따]髪をとかす	빗어요[비서요]	빗어서[비서서]	빗으세요[비스세요]
③ ㅈ	잊다[읻따]忘れる	잊어요[이저요]	잊어서[이저서]	잊으세요[이즈세요]
	찾다[찯따]探す	찾아요[차자요]	찾아서[차자서]	찾으세요[차즈세요]
④ ㅌ	뱉다[밷따]吐く	뱉어요[배터요]	뱉어서[배터서]	뱉으세요[배트세요]
⑤ ㅎ	넣다[너타]入れる	넣어요[너어요]	넣어서[너어서]	넣으세요[너으세요]
	놓다[노타]置く	놓아요[노아요]	놓아서[노아서]	놓으세요[노으세요]
⑥ ㄲ	닦다[닥따]磨く	닦아요[다까요]	닦아서[다까서]	닦으세요[다끄세요]
	깎다[깍따]値切る	깎아요[까까요]	깎아서[까까서]	깎으세요[까끄세요]
	섞다[석따]混ぜる	섞어요[서꺼요]	섞어서[서꺼서]	섞으세요[서끄세요]
	볶다[복따]炒める	볶아요[보까요]	볶아서[보까서]	볶으세요[보끄세요]
⑦ ㅆ	있다[읻따]ある、いる	있어요[이써요]	있어서[이써서]	있으세요[이쓰세요]

Exercise 3 🎧-065〜068

1. 次は韓国語の「曜日」ですが、この中から連音化が起こるものを探してみてください。その後、CDを聴きながら発音を確認してみましょう。🎧-065

月曜日	火曜日	水曜日	木曜日	金曜日	土曜日	日曜日
월요일	화요일	수요일	목요일	금요일	토요일	일요일

2. 次は韓国語の「月」ですが、この中から連音化が起こるものを探してみてください。その後、CDを聴きながら発音を確認してみましょう。🎧-066

1月	2月	3月	4月	5月	6月	7月	8月	9月	10月	11月	12月
일월	이월	삼월	사월	오월	유월	칠월	팔월	구월	시월	십일월	십이월

3. 次は韓国語の「日付」です。この中から連音化が起こるものを探してみてください。その後、CDを聴きながら発音を確認してみましょう。🎧-067

1日 일일	2日 이일	3日 삼일	4日 사일	5日 오일
6日 육일	7日 칠일	8日 팔일	9日 구일	10日 십일
11日 십일일	12日 십이일	20日 이십일	21日 이십일일	
22日 이십이일	25日 이십오일	30日 삼십일	31日 삼십일일	

4. 次は動物園と植物園を利用する際のお願い文句ですが、各文章の中で連音化が起こるところを探してみてください。その後、CDを聴きながら発音を確認してみましょう。🎧-068

(1) 잔디밭에 들어가지 마세요. 芝生に入らないでください。
(2) 거북이를 만지지 마세요. 亀に触らないでください。
(3) 연못에 동전을 던지지 마세요. 池にコインを投げないでください。
(4) 승강기 문에 기대지 마세요. エレベーターのドアにもたれないでください。

解答は p.43

Exercise 4 🎧-069〜070

1. 次は韓国のドラマや映画のタイトルですが、下線部が発音通りに表記されたものを選んでみてください。その後、CDを聴きながら発音を確認してみましょう。🎧-069

(1) 『내 이름은 김삼순』　私の名前はキム・サムスン
　　　　　　　　　　　　　　　　　　①[이름믄]　②[이르믄]
(2) 『인어아가씨』　人魚姫　　　　　①[잉어]　　②[이너]
(3) 『미남이시네요』　イケメンですね　①[미나미시네요]
　　　　　　　　　　　　　　　　　　②[미나이니세요]
(4) 『그대 웃어요』　あなた、笑って　①[우더요]　②[우서요]
(5) 『사랑을 그대 품안에』　愛をあなたの胸に　①[사랑을]　②[사랑글]

2. CDを聴いてことわざを完成させましょう。🎧-070
(1) 시작이 _____ 이다. 始まりが半分だ。
(2) 시간은 _____ 이다. 時間は金だ。
(3) 가는 _____ 이 장날. 行った日が市日。
(4) 가는 _____ 이 고와야 오는 _____ 이 곱다. 行く言葉が美しくてこそ返ってくる言葉が美しい。
(5) 웃으면 _____ 이 온다. 笑うと福が来る。
(6) _____ 이 무너져도 솟아날 구멍이 있다. 空が崩れても抜け出す穴がある。
(7) 세 살 _____ 이 여든 간다. 三歳の時の癖が八十歳まで続く。
(8) 배보다 _____ 이 더 크다. 腹よりへそが大きい。
(9) _____ 정보다 기른 정. 産んだ情より育てた情。

解答はp.44

Exercise 3 (p.41) の答えと解説解説

1. 連音化が起こるものは「月曜日、木曜日、金曜日、日曜日」です。

月曜日	火曜日	水曜日	木曜日	金曜日	土曜日	日曜日
월요일 [워료일]	화요일	수요일	목요일 [모교일]	금요일 [그묘일]	토요일	일요일 [이료일]

2. 連音化が起こるものは「1月、3月、7月、8月、11月、12月」です。

1月	2月	3月	4月	5月	6月	7月	8月	9月	10月	11月	12月
일월 [이뤌]	이월	삼월 [사뭘]	사월	오월	유월	칠월 [치뤌]	팔월 [파뤌]	구월	시월	십일월 [시비뤌]	십이월 [시비월]

3. 「2日、4日、5日、9日」以外で連音化が起こります。

   1日 일일[이릴]　　3日 삼일[사밀]　　6日 육일[유길]　　7日 칠일[치릴]
   8日 팔일[파릴]　　10日 십일[시빌]　　11日 십일일[시비릴]　　12日 십이일[시비일]
   20日 이십일[이시빌]　　21日 이십일일[이시비릴]　　22日 이십이일[이시비일]
   25日 이십오일[이시보일]　　30日 삼십일[삼시빌]　　31日 삼십일일[삼시비릴]

4. (1) 잔디밭에[잔디바테]芝生に、들어가지 마세요[드러가지마세요]入らないでください
   (2) 거북이를[거부기를]亀を
   (3) 연못에[연모세]池に、동전을[동저늘]コインを
   (4) 문에[무네]ドアに

Exercise 4 (p.42) の答えと解説

1. (1) ②이름은[이르믄]名前は
   (2) ②인어[이너]人魚
   (3) ①미남이시네요[미나미시네요]イケメンですね
   (4) ②웃어요[우서요]笑って
   (5) ①사랑을[사랑을]愛を

2. (1) 시작이 반이다[바니다]. 始めるのが大事だという意味です。
   (2) 시간은 금이다[그미다]. 「時は金なり」という意味です。
   (3) 가는 날이[나리] 장날. 偶然、予想外のことに出くわした時に使うことわざで、「棚からぼた餅」という意味です。このことわざは運がいい時に使うだけでなく、「運悪く、あいにく」という意味でもよく使います。
   (4) 가는 말이[마리] 고와야 오는 말이[마리] 곱다. 「売り言葉に買い言葉」という意味です。
   (5) 웃으면 복이[보기] 온다. 「笑う門には福来る」という意味です
   (6) 하늘이[하느리] 무너져도 솟아날 구멍이 있다. どんなに困難な状況でも、それを切り抜ける方法はあるという意味です。
   (7) 세 살 버릇이[버르시] 여든 간다. 「三つ子の魂百まで」という意味です。
   (8) 배보다 배꼽이[배꼬비] 더 크다. 本末転倒の意味です。
   (9) 낳은[나은] 정보다 기른 정. 「産んだ子より抱いた子」という意味です。

連音化

> **TIP**
>
> ハングル字母の名前は、終声の後に母音が来ると、次のように連音化して発音されます。
>
> | 終声 | 名前 | 이 が | 에 に | 이에요 〜です |
> |---|---|---|---|---|
> | ㄱ | 기역[기역] | 기역이[기여기] | 기역에[기여게] | 기역이에요[기여기에요] |
> | ㄴ | 니은[니은] | 니은이[니으니] | 니은에[니으네] | 니은이에요[니으니에요] |
> | ㄹ | 리을[리을] | 리을이[리으리] | 리을에[리으레] | 리을이에요[리으리에요] |
> | ㅁ | 미음[미음] | 미음이[미으미] | 미음에[미으메] | 미음이에요[미으미에요] |
> | ㅂ | 비읍[비읍] | 비읍이[비으비] | 비읍에[비으베] | 비읍이에요[비으비에요] |
> | ㅅ | 시옷[시옫] | 시옷이[시오시] | 시옷에[시오세] | 시옷이에요[시오시에요] |
> | ㅇ | 이응[이응] | 이응이[이응이] | 이응에[이응에] | 이응이에요[이응이에요] |
>
> ただし、「키읔、디귿、지읒、치읓、티읕、히읗、피읖」の場合は例外的に次のように発音します。
>
> | 終声 | 名前 | 이 が | 에 に | 이에요 〜です |
> |---|---|---|---|---|
> | ㅋ | 키읔[키윽] | 키읔이[키으기] | 키읔에[키으게] | 키읔이에요[키으기에요] |
> | ㄷ | 디귿[디귿] | 디귿이[디그시] | 디귿에[디그세] | 디귿이에요[디그시에요] |
> | ㅈ | 지읒[지읃] | 지읒이[지으시] | 지읒에[지으세] | 지읒이에요[지으시에요] |
> | ㅊ | 치읓[치읃] | 치읓이[치으시] | 치읓에[치으세] | 치읓이에요[치으시에요] |
> | ㅌ | 티읕[티읃] | 티읕이[티으시] | 티읕에[티으세] | 티읕이에요[티으시에요] |
> | ㅎ | 히읗[히읃] | 히읗이[히으시] | 히읗에[히으세] | 히읗이에요[히으시에요] |
> | ㅍ | 피읖[피읍] | 피읖이[피으비] | 피읖에[피으베] | 피읖이에요[피으비에요] |
>
> *「키읔」は連音化すると初声が[ㄱ]、「디귿、지읒、치읓、티읕、히읗」は連音化すると初声が[ㅅ]、「피읖」は連音化すると初声が[ㅂ]になります。

ひとやすみ

1 酔っ払いのおじさん / 電車の中

2 이 차 기름으로 가지? / この電車、ガソリン(기름)で動くよな?

3 아니에요. 전기로 가요. / 違いますよ。電気で動いてます。

4 "헉! 이런!" / あっ! しまった!

5 (車内アナウンス) 이번 역은 길음역입니다. 次の駅は、길음[기름]駅です。

6 아! 아저씨에게 죄송하다. / おじさんに悪いことをしたな。

＊「길음(吉音)」はソウル地下鉄4号線の駅の名前ですが、連音化が起こるので、発音は[기름]になります。したがって、おじさんは「기름으로(ガソリンで)」ではなく「길음으로[기르므로](吉音へ)」と聞いたのです。

46

WARMING-up 2 連音化Ⅱ

CDを聴いて下線部の発音を選んでみましょう。 🎧-071

여기 앉아서 기다리세요.
① [아나서]　② [안자서]

참 젊으시네요.
① [저므시네요]　② [절므시네요]

아무도 없어요?
① [어써요]　② [업써요]

지갑을 잃어버렸어요.
① [이러버려써요]　② [일허버려써요]

解答は p.50

連音化 II

(1) 二重子音の終声の場合 🎧-072

二重子音の終声の場合、次に母音が来ると、2つのうち左側は終声として、右側は次の母音のㅇ（初声）の位置に移って発音されます。

ㄵの左側ㄴ →パッチム

ㄵの右側ㅈ →初声

앉아요 [안자요] 座ります

읽어요 [일거요] 読みます

젊어요 [절머요] 若いです

(2) 二重子音の終声 ㄳ、ㄽ、ㅄの場合 🎧-073

二重子音の終声ㄳ、ㄽ、ㅄの「ㅅ」は濃音[ㅆ]と発音します。

몫이 [목씨] 分け前が

외곬으로 [외골쓰로] 一途に

없어요 [업써요] いません、ありません

ㅅは[ㅆ]と発音

(3) **二重子音の終声ㄶ、ㅀの場合** 🎧-074

二重子音の終声ㄶ、ㅀの「ㅎ」は発音しません（ㅎの無音化 p.139 参照）。

ㅎは発音しない　　　連音化

많아요[만아요→**마나**요] 多いです

물이 끓어요[끌어요→**끄러**요] お湯が沸いています

신발이 닳았어요[달았어요→**다라**써요]
　　　　　　　　　　　　　　　　靴がすり減りました

連音化Ⅱ

部分に注意しながら、CDの音声の後について発音してみましょう。 🎧-075

1
여기 앉아서 기다리세요.
ここに座ってお待ちください。

앉아서 [안자서]
座って

2
참 젊으시네요.
本当にお若いですね。

젊으시네요 [절므시네요]
お若いですね

3
아무도 없어요?
誰もいませんか？

없어요? [업써요]
いませんか？

4
지갑을 잃어버렸어요.
財布を失くしました。

잃어버렸어요 [이러버려써요]
失くしました

p.47の解答：1.② 2.② 3.② 4.①

Exercise 1 🎧-076

次は二重子音の終声の用言です。連音化に注意しながら、CDの音声の後について発音してみましょう。CDではまず単語を読み、次に「-어/아요（〜です・ます）、-(으)니까（〜から）、-(으)면（〜すれば）」をそれぞれくっつけて読みます。

終声	例	-어/아요 〜です・ます	-(으)니까 〜から	-(으)면 〜すれば
① ㄹㄱ	읽다[익따]読む	읽어요[일거요]	읽으니까[일그니까]	읽으면[일그면]
	맑다[막따]晴れている	맑아요[말가요]	맑으니까[말그니까]	맑으면[말그면]
② ㄴㅈ	앉다[안따]座る	앉아요[안자요]	앉으니까[안즈니까]	앉으면[안즈면]
	얹다[언따]載せる	얹어요[언저요]	얹으니까[언즈니까]	얹으면[언즈면]
③ ㄴㅎ	많다[만타]多い	많아요[마나요]	많으니까[마느니까]	많으면[마느면]
④ ㄹㅂ	넓다[널따]広い	넓어요[널버요]	넓으니까[널브니까]	넓으면[널브면]
	짧다[짤따]短い	짧아요[짤바요]	짧으니까[짤브니까]	짧으면[짤브면]
⑤ ㄹㅁ	젊다[점따]若い	젊어요[절머요]	젊으니까[절므니까]	젊으면[절므면]
	굶다[굼따]食事を抜く	굶어요[굴머요]	굶으니까[굴므니까]	굶으면[굴므면]
	닮다[담따]似る	닮아요[달마요]	닮으니까[달므니까]	닮으면[달므면]
	삶다[삼따]ゆでる	삶아요[살마요]	삶으니까[살므니까]	삶으면[살므면]
⑥ ㄹㅌ	핥다[할따]なめる	핥아요[할타요]	핥으니까[할트니까]	핥으면[할트면]
⑦ ㄹㅎ	싫다[실타]いやだ	싫어요[시러요]	싫으니까[시르니까]	싫으면[시르면]
	잃다[일타]なくす	잃어요[이러요]	잃으니까[이르니까]	잃으면[이르면]
⑧ ㄹㅍ	읊다[읍따]詠む	읊어요[을퍼요]	읊으니까[을프니까]	읊으면[을프면]
⑨ ㅂㅅ	없다[업따]ない、いない	없어요[업써요]	없으니까[업쓰니까]	없으면[업쓰면]

Exercise 2 🎧-077

次は二重子音の終声の名詞です。連音化に注意しながら、CDの音声の後について発音してみましょう。CDではまず単語を読み、次に「이 (が)、은 (は)、을 (を)」をそれぞれくっつけて読みます。

終声	例	이 が	은 は	을 を
① ㄻ	삶[삼]人生	삶이[살미]	삶은[살믄]	삶을[살믈]
② ㄺ	닭[닥]鶏	닭이[달기]	닭은[달근]	닭을[달글]
	흙[흑]土	흙이[흘기]	흙은[흘근]	흙을[흘글]
③ ㄼ	여덟[여덜]8つ	여덟이[여덜비]	여덟은[여덜븐]	여덟을[여덜블]
④ ㄳ	넋[넉]魂	넋이[넉씨]	넋은[넉쓴]	넋을[넉쓸]
	몫[목]分け前	몫이[목씨]	몫은[목쓴]	몫을[목쓸]
	삯[삭]賃金	삯이[삭씨]	삯은[삭쓴]	삯을[삭쓸]
⑤ ㄾ	외곬[외골]一途	외곬이[외골씨]	외곬은[외골쓴]	외곬을[외골쓸]
	값[갑]値段	값이[갑씨]	값은[갑쓴]	값을[갑쓸]

> **TIP**
>
> 「닭이[달기]鶏が」、「흙이[흘기]土が」、「닭을[달글]鶏を」、「흙을[흘글]土を」などは、会話ではそれぞれ[다기]、[흐기]、[다글]、[흐글]と発音する場合が多いです。
>
> また、「여덟이[여덜비]8つが」、「여덟은[여덜븐]8つは」、「여덟을[여덜블]8つを」、「여덟에[여덜베]8つに」、「여덟이에요[여덜비에요]8つです」なども会話では、それぞれ[여더리]、[여더른]、[여더를]、[여더레]、[여더리에요]と発音する場合が多いです。

Exercise 3 🎧-078〜080

1. 下線部が発音通りに表記されたものを選んでみてください。その後、CDを聴きながら発音を確認してみましょう。🎧-078
(1) 길이와 <u>넓이</u> 長さと幅   ①[널비]   ②[너비]
(2) 길을 <u>잃어버렸어요</u>. 道に迷いました。
　　　　　　　　　　　①[일허버려써요]   ②[이러버려써요]
(3) 엄마를 <u>닮았어요</u>. 母に似ています。
　　　　　　　　　　　①[달마써요]   ②[다마써요]
(4) <u>넋을</u> 잃고 쳐다봤습니다. うっとり見とれていました。
　　　　　　　　　　　①[너글]   ②[넉쓸]

2. 次の文章を読んで、連音化が起こるところを探してみてください。その後、CDの音声の後について発音してみましょう。🎧-079
(1) 전 뭐든지 괜찮아요. 私は何でも大丈夫です。
(2) 우리 할머니는 아주 젊어 보여요. うちのおばあさんはとても若く見えます。
(3) 치마가 좀 짧은 것 같지 않아요? スカートがちょっと短いと思いませんか？
(4) 독서는 삶을 풍성하게 해 줍니다. 読書は人生を豊かにしてくれます。
(5) 요즘 기름값이 많이 올랐습니다. 最近、ガソリン代がかなり値上がりしました。

3. CDを聴いてことわざを完成させましょう。🎧-080
(1) ＿＿어 부스럼. 掻いて腫れもの。
(2) 꿩 대신 ＿＿이다. キジの代わりに鶏だ。
(3) ＿＿어서 고생은 사서도 한다. 若い時の苦労は買ってでもする。
(4) 지렁이도 ＿＿으면 꿈틀거린다. ミミズも踏めばうごめく。

解答は p.54

Exercise 3（p.53）の答えと解説

1. (1) ①넓이[널비] 幅
   (2) ②잃어버렸어요[이러버려써요] 失いました
   (3) ①닮았어요[달마써요] 似ています
   (4) ②넋을[넉쓸] 魂を

2. (1) 괜찮아요[괜차나요] 大丈夫です
   (2) 젊어 보여요[절머보여요] 若く見えます
   (3) 짧은[짤븐] 短い（連体形）、않아요?[아나요] ～しませんか？
   (4) 삶을[살믈] 人生を
   (5) 기름값이[기름갑씨] ガソリン代が、많이[마니] たくさん

3. (1) 긁어[글거] 부스럼.「藪をつついて蛇を出す」と同じ意味で、うかつに手を出してやぶ蛇になるという意味です。
   (2) 꿩 대신 닭이다[달기다].　似たもので代用するという意味です。
   (3) 젊어서[절머서] 고생은 사서도 한다.「若い時の苦労は買ってでもせよ」と同じ意味で、若い時の苦労はいい経験になるという意味です。
   (4) 지렁이도 밟으면[발브면] 꿈틀거린다.「一寸の虫にも五分の魂」と同じ意味で、いくら大人しくて弱い人でも、軽蔑されれば逆らうという意味です。

WARMING-up

2 連音化Ⅲ

①と②の発音の違いに注意しながら、CDを聴いてみましょう。 🎧-081

집 앞에서 기다릴게요.
① [집 아페서]   ② [지바페서]

안 아파요.
① [안 아파요]   ② [아나파요]

안 울 거예요.
① [안 울꺼예요]   ② [아눌꺼예요]

꼭 오세요.
① [꼭 오세요]   ② [꼬고세요]

解答は p.58

連音化Ⅲ

(1) 分かち書きの場合 🎧-082

連音化は普通、단어[다너] (単語) のように1単語内で起こったり、옷은 (服は)、옷이에요 (服です) のように「名詞＋助詞」、「名詞＋指定詞」の間で起こったりします (連音化 p.35 参照)。また、単語と単語の間に分かち書きがされていても、それ全体が1つのかたまりとして捉えられる場合、会話では普通、連音化して発音されます。たとえば、교실 안 (教室の中) は[교시란]と発音します。もちろん連音化せずに[교실 안]と発音しても大丈夫です。

교실 안 [교실 안 → 교시란] 教室の中

また、「名詞＋名詞」の組み合わせだけでなく、次のようにそれ全体が1つのかたまりとして捉えられる場合、会話では普通、連音化して発音されます。

안 아파요 [안 아파요 → 아나파요] 痛くありません

수박 있어요? [수박 이써요 → 수바기써요] スイカ、ありますか？

예쁜 옷 [예쁜 옫 → 예쁜녿] かわいい服

> **TIP**
> ただし、「連体形＋名詞」の組み合わせの場合はその名詞が「야, 여, 요, 유, 이」で始まると連音化しません (ㄴ音の挿入 p.149 参照)。
> ex) 쓴 약[쓴냑](○)/[쓰냑](×) 苦い薬
>   넓은 역[널븐녁](○)/[널브녁](×) 広い駅
>   할 일[할닐 → 할릴](○)/[하릴](×) やること
>   한 일[한닐](○)/[하닐](×) したこと

Exercise 1 🎧-083

　用言（動詞や形容詞）の否定表現「안（〜しない、〜くない）」は、次に来る初声が母音の場合、会話では普通、連音化して発音されます。ところで、このような連音化が起こった場合、単語を聞き取れず、意味が分からなくなる場合が多いので、CDを何度も繰り返し聴きながら発音に慣れましょう。CDでは基本形、ヘヨ体、不可能表現の順で読みます。

基本形	ヘヨ体	不可能表現
①오다 来る	와요 来ます	안 와요［안 와요→아나요］ 来ません
②웃다［욷따］ 笑う	웃어요［우서요］ 笑います	안 웃어요［안 우서요→아누서요］ 笑いません
③울다 泣く	울어요［우러요］ 泣きます	안 울어요［안 우러요→아누러요］ 泣きません
④올라가다 登る	올라가요 登ります	안 올라가요［안 올라가요→아놀라가요］登りません
⑤움직이다［움지기다］ 動く	움직여요［움지겨요］ 動きます	안 움직여요［안 움지겨요→아눔지겨요］動きません
⑥어울리나 似合う	어울려요 似合います	안 어울려요［안 어울려요→아너울려요］似合いません
⑦웃기다［욷끼다］ 笑わせる	웃겨요［욷껴요］ 面白いです	안 웃겨요［안 욷껴요→아눋껴요］ 面白くありません
⑧예쁘다 きれいだ	예뻐요 きれいです	안 예뻐요［안 예뻐요→아녜뻐요］ きれいではありません
⑨어둡다［어둡따］ 暗い	어두워요 暗いです	안 어두워요［안 어두워요→아너두워요］暗くありません
⑩아깝다［아깝따］ もったいない	아까워요 もったいないです	안 아까워요［안 아까워요→아나까워요］もったいなくありません

連音化Ⅲ

部分に注意しながら、CDの音声の後について発音してみましょう。 🎧-084

1
집 앞에서 기다릴게요.
家の前で待っています。

집 앞에서 [지바페서]
家の前で

2
안 아파요.
痛くありません。

안 아파요 [아나파요]
痛くありません

3
안 울 거예요.
泣かないつもりです。

안 울 거예요
[아눌꺼예요] 泣きません
（濃音化 p.117 参照）

4
꼭 오세요.
必ず来てください。

꼭　必ず
오세요　来てください

꼭 오세요 [꼬고세요]
必ず来てください

＊p.55 の解答：1〜4の①は連音化せずに発音した場合、②は連音化して発音した場合です。

Exercise 2 🎧-085～087

1. 下線部の連音化に注意しながら、CDの音声の後について発音してみましょう。🎧-085
(1) 월요일 아침에는 일어나기가 힘들어요. 月曜日の朝は起きるのが大変です。
(2) 그 짐들은 창문 아래에 두세요. その荷物は窓の下に置いてください。
(3) 약을 먹어서 그런지 이제 안 아파요. 薬を飲んだからかもう痛くありません。
(4) 이 수첩은 양복 안주머니에 쏙 들어가요. この手帳はスーツの内ポケットにすぽっと入ります。

2. 次の文章を読んで、連音化が起こるところを探してみてください。その後、CDの音声の後について発音してみましょう。🎧-086
(1) 아직 아무도 안 왔어요. まだ誰も来ていません。
(2) 밥 안 먹었어요? ご飯まだ食べていないのですか？
(3) 기억 안 나요. 覚えていません。
(4) 저는 뭐든지 너무 잘 잊어버려요. 私は何でもよく忘れてしまいます。
(5) 정문 앞에서 기다리고 있을게요. 正門の前で待っていますね。
(6) 그 이야기를 듣고 안 웃을 수가 없었어요. その話を聞いて笑わざるを得ませんでした。
(7) 자신 없으면 하지 마세요. 自信がなかったら、やらないでください。
(8) 아까까지는 잘 움직였어요. さっきまではよく動いていました。

3. CDを聴いてことわざを完成させましょう。🎧-087
(1) _____ 안 개구리. 井の中の蛙
(2) 일찍 _____ 새가 벌레를 잡는다. 早起きの鳥が虫を捕えられる。
(3) 열 손가락 깨물어 _____ 아픈 손가락 없다. 10本の指を噛んで、痛くない指はない。
(4) 미꾸라지 한 마리가 _____ 웅덩이를 흐린다. ドジョウ一匹がよどみの水をみな濁す。
(5) _____ 없는 말이 천 리 간다. 足のない言葉が千里を行く。

解答はp.60

Exercise 2 (p.59) の答えと解説

1. (1) 월요일 아침에는[워료이라치메는]月曜日の朝は、일어나기가[이러나기가] 일어나는 것이, 힘들어요[힘드러요]大変です
   (2) 짐들은[짐드른]荷物は、창문 아래에[창무나래에]窓の下に
   (3) 약을[야글]薬を、먹어서 그런지[머거서그런지]飲んだからか、 안 아파요[아나파요]痛くありません。
   　＊韓国では「薬を飲む」は「약을 먹다（薬を食べる）」という表現を使います。液体の薬の場合は「마시다（飲む）」も使います。
   (4) 수첩은[수처븐]手帳は、양복 안주머니에[양보간주머니에]スーツの内ポケットに、들어가요[드러가요]入ります。

2. (1) 아직 아무도[아지가무도]まだ誰も、안 왔어요[아놔써요]来ていません。
   (2) 밥 안 먹었어요?[바반머거써요]ご飯まだ食べていないのですか？
   (3) 기억 안 나요[기어간나요]覚えていません。
   (4) 잘 잊어버려요[자리저버려요]よく忘れてしまいます。
   (5) 정문 앞에서[정무나페서]正門の前で、기다리고 있을게요[이쓸께요]待っていますね。(濃音化 p. 117 参照)
   (6) 안 웃을 수가[아누슬쑤가] 없었어요[업써써요]笑わざるを得ませんでした。(濃音化 p. 117 参照)
   (7) 자신 없으면[자시넙쓰면]自信がなかったら
   (8) 잘 움직였어요[자룸지겨써요]よく動いていました。

3. (1) 우물 안[우무란]　見識が狭くて広い世の中を知らないという意味です。
   (2) 일어나는[이러나는]　「早起きは三文の得」という意味です。
   (3) 안 아픈[아나픈]　いくら子供が多くても、親はどの子も平等に愛し、大切にしているという意味です。
   (4) 온 웅덩이를[오눙덩이를]　1人の悪事が多くの人に迷惑をかけるという意味です。
   (5) 발 없는[바럼는]　「ささやき千里」と同じ意味で、内緒話はすぐに遠くまで広まるという意味です。(鼻音化 p. 71 参照)

WARMING-Up 2 連音化IV

CDを聴いて下線部の発音を選んでみましょう。 🎧-088

불빛 아래
① [불삐다래] ② [불삐차래]

밥솥 위
① [밥쏘뒤] ② [밥쏘튀]

무릎 옆
① [무르폅] ② [무르볍]

첫인상
① [처신상] ② [처딘상]

解答は p.66

連音化 IV

(1) 終声 ㅅ、ㅈ、ㅋ、ㅌ、ㅍ、ㅊ の場合 🎧-089

終声は単独で発音する時は終声規則（p.27参照）に従って発音しますが、終声の次に母音が来ると連音化します。そして、連音化は単어[다너]（単語）のように1単語内だけでなく、옷은[오슨]（服は）、옷이에요[오시에요（服です）のように「名詞＋助詞」、「名詞＋指定詞」の間でも起こります（連音化p.35参照）。また、교실 안（教室の中）のように、교실（教室）と안（中）の間に分かち書きがされていても、それ全体が1つのかたまりとして捉えられる場合は、普通、連音化して[교시란]と発音します（連音化p.55参照）。

옷[옫] 服

単独で発音される時は終声規則に従います。

옷은[오슨] 服は

助詞の前のパッチムも連音化します。

교실 안[교실 안→교시란] 教室の中

分かち書きの場合も連音化します。

連音化 IV

しかし、終声ㅅ、ㅈ、ㅋ、ㅌ、ㅍ、ㅊで終わる単語は、助詞や指定詞以外の場合、つまり、合成語や分かち書きの場合は終声がそのまま移動せずに、一度発音変化が起こります。この場合は、終声規則（p.27参照）によって、①一度それぞれの代表音に変わってから、②連音化します。つまり、終声ㅅ、ㅈ、ㅋ、ㅌ、ㅍ、ㅊはそれぞれの代表音であるㅅ[ㄷ]、ㅈ[ㄷ]、ㅋ[ㄱ]、ㅌ[ㄷ]、ㅍ[ㅂ]、ㅊ[ㄷ]が次の母音の初声になります。たとえば、옷（服）は終声規則によって[옫]、윗（上）は終声規則によって[윋]と発音されるので、윗옷（上着）は[윋옫（①終声規則）→위돋（②連音化）]、옷 안（服の中）は[옫 안（①終声規則）→오단（②連音化）]と発音されます。

윗옷 (윗+옷)　[윋옫→위돋]（○）/[위솓]（×）上着
　　　①終声規則　　　②連音化

옷 안 (옷+안)　[옫 안→오단]（○）/[오산]（×）服の中
　　　①終声規則　　　②連音化

連音化 IV

(2) 二重子音の終声の場合 🎧-090

二重子音の終声の場合、次に母音が来ると左側は終声として（終声規則 p.27 参照）、右側は次の母音の ㅇ（初声）の位置に移って発音されます（連音化 p.47 参照）。

값 [갑] 価値

単独で発音される時は終声規則に従います。

앉아요 [안자요] 座ります

ㄵの左側 ㄴ → 終声
ㄵの右側 ㅈ → 初声

しかし、二重子音の終声で終わる単語は、合成語や分かち書きの場合は、終声 ㅅ、ㅈ、ㅋ、ㅌ、ㅍ、ㅊ で終わる単語と同様に終声規則（p.27 参照）によって、①一度それぞれの代表音に変わってから、②連音化します。つまり、二重子音の終声はそれぞれの代表音が次の母音の初声になります。たとえば、값（価値、値段）は終声規則によって [갑]、흙（土）は終声規則によって [흑] と発音されるので、값어치（値打ち）は [갑어치（①終声規則）→ 가버치（②連音化）]、흙 위（土の上）は [흑 위（①終声規則）→ 흐귀（②連音化）] と発音されます。

값어치 (값+어치) [갑어치 → 가버치] 値打ち
①終声規則　②連音化

흙 위 (흙+위) [흑 위 → 흐귀] 土の上
①終声規則　②連音化

連音化Ⅳ

TIP

終声ㅅ、ㅈ、ㅋ、ㅌ、ㅍ、ㅊと二重子音の終声の連音化のまとめ

規則	例
(1) 1単語内では終声が次の母音の初声になる。(連音化Ⅰ)	웃음[우슴]笑い 젊어요[절머요]若いです
(2) 助詞や指定詞などの依存的な要素が続く場合も連音化する。(連音化Ⅰ、Ⅱ)	옷[옫]服→옷이에요[오시에요]服です 값[갑]価値→값은[갑쓴]値段は
(3) 合成語の場合、終声は終声規則が適用された後、連音化する。(連音化Ⅳ)	겉옷(겉＋옷)[걷옫→거돋]上着 값어치(값＋어치)[갑어치→가버치]値打ち
(4) 分かち書きの場合、1つのかたまりとして捉えられると、終声は終声規則が適用された後、連音化する。(連音化Ⅳ)	옷 안[옫 안→오단]服の中 흙 위[흑 위→흐귀]土の上

TIP

맛있다 (맛 (味) ＋ 있다 (ある)) は、[맏읻따→마딛따]と発音するのが原則ですが、連音化して[마싣따]と発音しても OK です。同様に멋있다 (멋 (おしゃれ) ＋ 있다 (ある)) も [먿읻따→머딛따] と発音するのが原則ですが、連音化して[머싣따]と発音しても OK です。一方、맛없다 (맛 (味) ＋ 없다 (ない))、멋없다 (멋 (おしゃれ) ＋ 없다 (ない)) は連音化しません。

ex) 맛있다(맛＋있다) [마딛따](○) 原則 /[마싣따](○) 許容
　　　(おいしい)
　　　멋있다(멋＋있다) [머딛따](○) 原則 /[머싣따](○) 許容
　　　(格好いい)
　　　맛없다(맛＋없다) [마덥따](○) /[마섭따](×) (おいしくない)
　　　멋없다(멋＋없다) [머덥따](○) /[머섭따](×) (格好悪い)

連音化 IV

部分に注意しながら、CDの音声の後について発音してみましょう。 -091

1
불빛 아래
明かりの下

불빛 [불삗] 明かり。光
（濃音化 p. 127 参照）
아래　下

불빛 아래
[불삗 아래→불삐다래]
明かりの下

2
밥솥 위
炊飯器の上

밥솥 [밥쏟] 炊飯器
위　上

밥솥 위 [밥쏟 위→밥쏘뒤]
炊飯器の上

3
무릎 옆
ひざの横

무릎 [무릅] ひざ
옆 [엽] 横

무릎 옆 [무릅 엽→무르볍]
ひざの横

4
첫인상
第一印象

첫 [천] 初
인상　印象

첫인상 [천인상→처딘상]
第一印象

p.61 の解答：1.①　2.①　3.②　4.②

Exercise 1 🎧-092

　終声で終わる単語の場合、単独ではうまく発音できたり聞き取れたりしても、連音化が起こると単語を聞き取れず、意味が分からなくなる場合が多いので、CDを何度も繰り返し聴きながら発音に慣れましょう。CDでは次の(1)、(2)、(3)の順で読みます。

終声	(1) 終声規則	(2) 連音化	(3) 終声規則＋連音化
①ㅅ	맛[맏]味	맛이[마시]味が	맛없어요(맛＋없어요)[맏업써요→마덥써요]まずいです
	멋[먿]粋	멋은[머슨]おしゃれは	멋없어요(멋＋없어요)[먿업써요→머덥써요]格好悪いです
	못[몯]釘	못이에요[모시에요]釘です	못 위[몯 위→모뒤]釘の上
②ㅈ	낮[낟]昼	낮에[나제]昼に	낮 연주[낟 연주→나면주]昼の演奏
③ㅋ	부엌[부억]台所	*부엌에[부어케]台所に	부엌 안[부억 안→부어간]台所の中
④ㅌ	겉[겉]表、外	겉은[거튼]表は	겉옷(겉＋옷)[걷온→거돋]上着
	밭[받]畑	밭에[바테]畑に	밭 아래[받 아래→바다래]畑の下側
⑤ㅍ	잎[입]葉	잎이에요[이피에요]葉です	잎 위[입 위→이뷔]葉の上
	숲[숩]森	숲이[수피]森が	숲 옆[숩 엽→수볍]森の隣
⑥ㅊ	꽃[꼳]花	꽃은[꼬츤]花は	꽃 위[꼳 위→꼬뒤]花の上
⑦ㄺ	닭[닥]鶏	*닭이[달기]鶏が	닭 앞[닥 압→다갑]鶏の前
⑧ㄳ	넋[넉]魂	넋을[넉쓸]魂を	넋 없이[넉 업씨→너겁씨]ぼんやり

＊부엌에の標準発音は[부어케]、닭이の標準発音は[달기]ですが、会話ではよく[부어게]、[다기]と発音します。

Exercise 2 🎧-093

　動詞の不可能表現「못（〜できない）」は、次の動詞の初声が母音の場合、会話では普通、連音化して発音されます。CDを何度も繰り返し聴きながら発音に慣れましょう。CDでは基本形、ヘヨ体、不可能表現の順で読みます。

基本形	ヘヨ体	不可能表現
①오다 来る	와요 来ます	못 와요[몯 와요→모돠요] 来れません
②웃다[욷따] 笑う	웃어요[우서요] 笑います	못 웃어요[몯 우서요→모두서요]笑えません
③울다 泣く	울어요[우러요] 泣きます	못 울어요[몯 우러요→모두러요]泣けません
④알아듣다[아라듣따] 聞き取る	알아들어요[아라드러요]聞き取れます	못 알아들어요[몯 아라드러요→모다라드러요]聞き取れません
⑤외우다 覚える	외워요 覚えます	못 외워요[몯 외워요→모되워요]覚えられません
⑥올라가다 登る	올라가요 登ります	못 올라가요[몯 올라가요→모돌라가요]登れません
⑦업다[업따] おんぶする	업어요[어버요] おんぶします	못 업어요[몯 어버요→모더버요]おんぶできません
⑧움직이다[움지기다] 動く	움직여요[움지겨요]動きます	못 움직여요[몯 움지겨요→모둠지겨요] 動けません
⑨없애다[업쌔다] なくす	없애요[업쌔요] なくします	못 없애요[몯 업쌔요→모덥쌔요]なくせません

Exercise 3 🎧-094〜096

1. 下線部が発音通りに表記されたものを選んでみてください。その後、CDを聴きながら発音を確認してみましょう。🎧-094
   (1) 첫인사　初対面のあいさつ　　①[처신사]　②[처딘사]
   (2) 맛없어요　美味しくありません　①[마섭써요]　②[마덥써요]
   (3) 밥솥 위　炊飯器の上　　　　①[밥쏘튀]　②[밥쏘뒤]
   (4) 겉옷　上着　　　　　　　　①[거돋]　　②[거톧]

2. 次は光や色に関する表現です。下線部の連音化に注意しながら、CDの音声の後について発音してみましょう。🎧-095
   (1) 사막의 뜨거운 태양빛 아래　砂漠の熱い太陽の下
   (2) 황금빛 옥수수　黄金色のトウモロコシ
   (3) 분홍빛 얼굴　ピンク色の顔
   (4) 푸른빛 언덕　青色の丘
   (5) 장밋빛 인생　バラ色の人生

3. 次の文章をCDの音声の後について発音してみてください。その後、連音化が起こるところを探してみましょう。🎧-096
   (1) 몇 인분 드릴까요? 何人前差し上げましょうか？
   (2) 생일이 몇 월 며칠입니까? 誕生日は何月何日ですか？
   (3) 어이가 없어 헛웃음만 나온다. あきれて笑いしか出ない。
   (4) 첫 월급으로 부모님 속옷을 사 드렸다. 初月給で両親に下着を買って差しあげた。
   (5) 감나무 밭 아래에 논이 있습니다. 柿の木畑の下に田んぼがあります。
   (6) 첫아기 탄생을 축하드립니다. 初めての子供の誕生をお祝い申し上げます。

解答は p.70

Exercise 3 (p. 69) の答えと解説

1. (1)〜(4)は、終声規則によって一度それぞれの代表音に変わってから、連音化します。

    (1) ②첫인사 [천인사→처딘사] 初対面のあいさつ
    (2) ②맛없어요 [맏업써요→마덥써요] 美味しくありません
    (3) ②밥솥 위 [밥쏟위→밥쏘뒤] 炊飯器の上（濃音化 p. 109 参照）
    (4) ①겉옷 [걷옷→거돋] 上着

2. (1)〜(5)は、終声規則によって一度それぞれの代表音に変わってから、連音化します（濃音化 p. 109 参照）。

    (1) 태양빛 아래 [태양빋 아래→태양비다래] 砂漠の熱い太陽の下
    (2) 황금빛 옥수수 [황금삗 옥쑤수→황금삐독쑤수] 黄金色のトウモロコシ
    (3) 분홍빛 얼굴 [분홍삗 얼굴→분홍삐덜굴] ピンク色の顔
    (4) 푸른빛 언덕 [푸른삗 언덕→푸른비던덕] 青色の丘
    (5) 장밋빛 인생 [장믿삗 인생→장미삐딘생] バラ色の人生

3. (1) 몇 인분 [면 인분→며딘분] 何人前
    (2) 생일이 [생이리] 誕生日が、몇 월 [면 월→며둴] 何月、며칠입니까 [며치림니까]（鼻音化 p. 71 参照）
    (3) 없어 [업써] なくて、헛웃음만 [헌우슴만→허두슴만] つくり笑いだけ
    (4) 첫 월급으로 [천 월그브로→처둴그브로] 初月給で、속옷을 [소고슬] 下着を
    (5) 밭 아래에 [받 아래에→바다래에] 畑の下方に、논이 [노니] 田んぼが
    (6) 첫아기 [천아기→처다기] 初めての子供

3 鼻音化工

WARMING-UP

CD を聴いて下線部の発音を選んでみましょう。 🎧-097

1. 원조 꽃미남입니다.
① [꼭미나밉니다]　② [꼰미나밉니다]

2. 단돈 십만 원이에요.
① [심마눠니에요]　② [싱마눠니에요]

3. 국물이 얼큰해요.
① [궁무리]　② [군무리]

4. 앞니가 빠졌어요.
① [압리가]　② [암니가]

解答は p.74

(1) 鼻音化 🎧-098

終声ㄱ、ㄷ、ㅂは、直後に鼻音ㅁ、ㄴが来ると鼻音[ㅇ、ㄴ、ㅁ]に変わります。このような発音変化を鼻音化といいます。

한국말[한궁말]韓国語　　ㄱ＋ㅁ→ㅇ＋ㅁ

듣는다[든는다]聞く（現在形）　　ㄷ＋ㄴ→ㄴ＋ㄴ

합니다[함니다]します　　ㅂ＋ㄴ→ㅁ＋ㄴ

＊鼻音は肺からの空気が鼻に抜ける音です。

(2) 終声ㅍ、ㄼ、ㄿ、ㅄの場合 🎧-099

終声ㅍ、ㄼ、ㄿ、ㅄは、まず終声規則（p.27参照）によって①代表音[ㅂ]に変わりますが、その次に来るㅁ、ㄴによって②鼻音化も起こります。

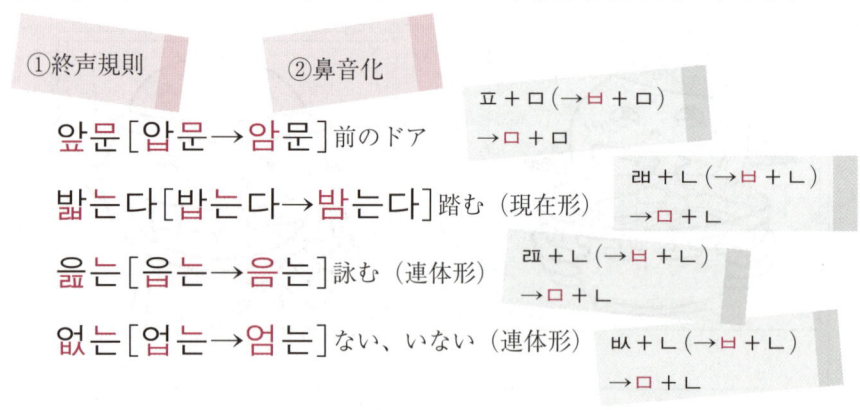

①終声規則　　②鼻音化

앞문[압문→암문]前のドア　　ㅍ＋ㅁ（→ㅂ＋ㅁ）→ㅁ＋ㅁ

밟는다[밥는다→밤는다]踏む（現在形）　　ㄼ＋ㄴ（→ㅂ＋ㄴ）→ㅁ＋ㄴ

읊는[읍는→음는]詠む（連体形）　　ㄿ＋ㄴ（→ㅂ＋ㄴ）→ㅁ＋ㄴ

없는[업는→엄는]ない、いない（連体形）　　ㅄ＋ㄴ（→ㅂ＋ㄴ）→ㅁ＋ㄴ

鼻音化工

(3) 分かち書きの場合 🎧-100

　分かち書きがされていても、単語などの自立的な要素が来て、それ全体が1つのかたまりとして捉えられる場合は、普通、鼻音化します。もちろん鼻音化せずに発音しても大丈夫です。

ㄱ+ㅁ→
ㅇ+ㅁ

식은 죽 먹기 [시근 죽 먹끼→시근중먹끼]
冷めたお粥を食べること（朝飯前の意味）（濃音化 p.109 参照）

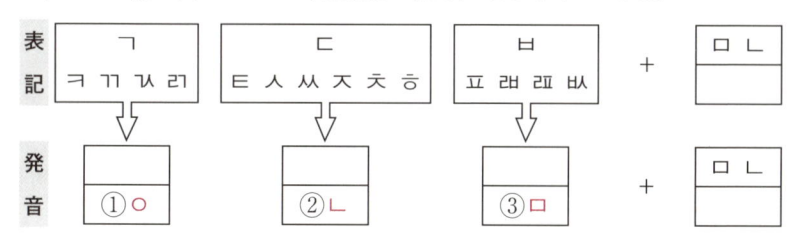

表記：｜ㄱ ㅋ ㄲ ㄳ ㄺ｜　｜ㄷ ㅌ ㅅ ㅆ ㅈ ㅊ ㅎ｜　｜ㅂ ㅍ ㄼ ㄿ ㅄ｜　＋　｜ㅁ ㄴ｜

発音：｜①ㅇ｜　｜②ㄴ｜　｜③ㅁ｜　＋　｜ㅁ ㄴ｜

---

① ㄱ+ㅁ、ㄴ → ㅇ+ㅁ、ㄴ 🎧-101

박물관[방물관]博物館/국민[궁민]国民/식물[싱물]植物/작년[장년]去年/국내[궁내]国内/숙녀[숭녀]淑女/학년[항년]学年、年生/고객님[고갱님]お客様

② ㄷ+ㅁ、ㄴ → ㄴ+ㅁ、ㄴ 🎧-102

맏며느리[만며느리]長男の嫁/믿는다[민는다]信じる（現在形）/첫눈[첟눈→천눈]初雪/거짓말[거짇말→거진말]うそ/옛날[옏날→옌날]昔/뒷문[뒫문→뒨문]裏口/윗니[윋니→윈니]上あごの歯/꽃무늬[꼳무늬→꼰무늬]花模様/있는[읻는→인는]ある、いる（連体形）/낱말[낟말→난말]単語

③ ㅂ+ㅁ、ㄴ → ㅁ+ㅁ、ㄴ 🎧-103

입문[입문→임문]入門/업무[엄무]業務/앞날[압날→암날]後日、将来/앞머리[압머리→암머리]前髪/옆머리[엽머리→염머리]横髪/앞문[압문→암문]表口/옆문[엽문→염문]脇のドア

鼻音化

部分に注意しながら、CDの音声の後について発音してみましょう。 🎧-104

1 원조 꽃미남입니다.
元祖美男子です。

꽃미남 [꼳미남→꼰미남]
美男子（花美男）、イケメン

2 단돈 십만 원이에요.
たったの10万ウォンです。

십만 [심만] 10万

3 국물이 얼큰해요.
スープが辛くて美味しいです。

국물 [궁물] スープ

4 앞니가 빠졌어요.
前歯が抜けました。

앞니 [압니→암니] 前歯

p.71の解答：1.② 2.① 3.① 4.②

Exercise 1 🎧-105～107

韓国語の助詞「만」は限定「〜だけ、〜ばかり」の意味ですが、この「만」の前に来る名詞の終声によって鼻音化が起こります。鼻音化に注意しながら、CDの音声の後について発音してみましょう。CDではまず単語を読み、次に「만」をくっつけて読みます。

① 終声 [ㄱ]	① ㄱ + ㅁ、ㄴ → ㅇ + ㅁ、ㄴ 🎧-105
이쪽 こちら	이쪽만[이쫑만]こちらだけ
그쪽 そちら	그쪽만[그쫑만]そちらだけ
저쪽 あちら	저쪽만[저쫑만]あちらだけ
책 本	책만[챙만]本だけ
부엌[부억]台所	부엌만[부엉만]台所だけ
② 終声 [ㄷ]	② ㄷ + ㅁ、ㄴ → ㄴ + ㅁ、ㄴ 🎧-106
이것[이걷]これ	이것만[이걷만→이건만]これだけ
그것[그걷]それ	그것만[그걷만→그건만]それだけ
저것[저걷]あれ	저것만[저걷만→저건만]あれだけ
버릇[버륻]癖	버릇만[버륻만→버른만]癖だけ
꽃[꼳]花	꽃만[꼳만→꼰만]花だけ
밭[받]畑	밭만[받만→반만]畑だけ
팥[팓]小豆	팥만[팓만→판만]小豆だけ
③ 終声 [ㅂ]	③ ㅂ + ㅁ、ㄴ → ㅁ + ㅁ、ㄴ 🎧-107
집 家	집만[짐만]家だけ
입 口	입만[임만]口だけ
앞[압]前	앞만[암만]前だけ
옆[엽]横	옆만[엽만→염만]横だけ
숲[숩]森	숲만[숩만→숨만]森だけ

鼻音化Ⅰ

Exercise 2 🎧-108〜109

1. 用言の語幹（基本形の-다を取った部分）の発音が[ㄱ、ㄷ、ㅂ]の場合、次に感嘆の語尾「네요（〜ですね）」、疑問を表す「나요？（〜のですか？）、니？（〜するの？）」などが来ると鼻音化が起こります。鼻音化に注意しながら、CDの音声の後について発音してみましょう。CDではまず単語を読み、次に「-네요、-나요、-니」をそれぞれくっつけて読みます。🎧-108

基本形	-네요 〜ですね	-나요？ 〜のですか？	-니？ 〜するの？
①먹다[먹따]食べる	먹네요[멍네요]	먹나요?[멍나요]	먹니?[멍니]
②읽다[익따]読む	읽네요[잉네요]	읽나요?[잉나요]	읽니?[잉니]
③듣다[듣따]聞く	듣네요[든네요]	듣나요?[든나요]	듣니?[든니]
④맞다[맏따]合う	맞네요[만네요]	맞나요?[만나요]	맞니?[만니]
⑤찾다[찯따]探す	찾네요[찬네요]	찾나요?[찬나요]	찾니?[찬니]
⑥맑다[막따]晴れている	맑네요[망네요]	맑나요?[망나요]	맑니?[망니]

2. 用言の語幹（基本形の-다を取った部分）が母音の場合、過去を表す語尾「-았/었-」に感嘆の語尾「네요（〜ですね）」、疑問を表す「나요？（〜のですか？）、니？（〜するの？）」などが来ると鼻音化が起こります。鼻音化に注意しながら、CDの音声の後について発音してみましょう。CDではまず単語を読み、次に「-았/었다、-네요、-나요、-니？」をそれぞれくっつけて読みます。🎧-109

基本形	-았/었다 過去形（〜した）	-네요 〜ですね	-나요？ 〜のですか？	-니？ 〜するの？
①가다 行く	갔다[갇따]	갔네요[간네요]	갔나요?[간나요]	갔니?[간니]
②오다 来る	왔다[왇따]	왔네요[완네요]	왔나요?[완나요]	왔니?[완니]
③하다 する	했다[핻따]	했네요[핸네요]	했나요?[핸나요]	했니?[핸니]
④보다 見る	봤다[받따]	봤네요[봔네요]	봤나요?[봔나요]	봤니?[봔니]

Exercise 3 🎧-110～112

1. 下線部が発音通りに表記されたものを選んでみてください。その後、CD を聴きながら発音を確認してみましょう。🎧-110
   (1) 하늘은 스스로 돕는 자를 돕는다.　天は自らを助くる者を助く。
      ① [독는다]　　② [돔는다]
   (2) 백문이 불여일견이다.　百聞は一見にしかず。
      ① [배문이]　　② [뱅무니]
   (3) 이가 없으면 잇몸으로 산다.　歯が無ければ歯茎で生きる。
      ① [잉모므로]　② [인모므로]
   (4) 살얼음을 밟는 것 같다.　薄氷を踏むようだ。
      ① [밤는]　　　② [발는]
   (5) 뜻있는 곳에 길이 있다.　志のあるところに道がある。
      ① [뜨딤는]　　② [뜨딘는]

2. 次は韓国のドラマや映画のタイトルです。CD を聴いて鼻音化が起こるところを探してみましょう。🎧-111
   (1) 『넌 어느 별에서 왔니?』　君はどの星から来たの？
   (2) 『백만장자의 첫사랑』　億万長者の初恋
   (3) 『동갑내기 과외하기』　同い年の家庭教師
   (4) 『내 여자친구를 소개합니다』　僕の彼女を紹介します
   (5) 『악마는 프라다를 입는다』　悪魔はプラダを着る

3. CD を聴いてことわざを完成させましょう。🎧-112
   (1) ＿＿＿는 도끼에 발등 찍힌다.　信じる斧に足の甲を切られる。
   (2) 윗물이 맑아야 ＿＿＿물도 맑다.　上流の水が澄んでこそ下流の水が澄む。
   (3) 팔은 안으로 ＿＿＿는다.　腕は内側に曲がる。
   (4) 꿩 먹고 알 ＿＿＿는다.　キジを食べて、卵も食べる。
   (5) 누워서 ＿＿＿ 먹기.　横になって餅を食べる。
   (6) 핑계 ＿＿＿는 무덤 없다.　口実のないお墓はない。

解答は p.78

Exercise 3 (p.77) の答えと解説

1. (1) 天は自ら努力する人を成功へと導くという意味です。
   ㅂ+ㄴ→ㅁ+ㄴ ••• ②돕는다[돔는다]助ける（現在形）
   (2) ㄱ+ㅁ→ㅇ+ㅁ ••• ②백문이[뱅무니]百聞が
   (3) 何かが無いなら無いなりに何とかするという意味です。
   ㄷ+ㅁ→ㄴ+ㅁ ••• ②잇몸으로[읻모므로→인모므로]歯茎で
   (4) ㅂ+ㄴ→ㅁ+ㄴ ••• ①밟는[밥는→밤는]踏む（連体形）
   (5) ㄷ+ㄴ→ㄴ+ㄴ ••• ②뜻있는[뜯읻는→뜨딘는]志のある（連音化 p.61 参照）

2. (1) 넌 어느 별에서 왔니?   ㄷ+ㄴ→ㄴ+ㄴ ••• 왔니[완니→완니]来たの？
   (2) 백만장자의 첫사랑   ㄱ+ㅁ→ㅇ+ㅁ ••• 백만[뱅만]百万
   (3) 동갑내기 과외하기   ㅂ+ㄴ→ㅁ+ㄴ ••• 동갑내기[동감내기]同い年
   (4) 내 여자친구를 소개합니다
   ㅂ+ㄴ→ㅁ+ㄴ ••• 소개합니다[소개함니다]紹介します
   (5) 악마는 프라다를 입는다   ㄱ+ㅁ→ㅇ+ㅁ ••• 악마[앙마]悪魔

3. (1) ㄷ+ㄴ→ㄴ+ㄴ ••• 믿는[민는]
   信じていた人などに裏切られる。飼い犬に手を噛まれるという意味です。
   (2) ㄷ+ㅁ→ㄴ+ㅁ ••• 아랫물[아랟물→아랜물]
   上に立つ者の行いが正しければ、下の者の行いも正しくなるという意味です。
   (3) ㅂ+ㄴ→ㅁ+ㄴ ••• 굽는다[굼는다]
   「血は水よりも濃い」という意味です。
   (4) ㄱ+ㄴ→ㅇ+ㄴ ••• 먹는다[멍는다] 「一石二鳥」の意味です。
   (5) ㄱ+ㅁ→ㅇ+ㅁ ••• 떡 먹기[떵먹끼] たやすいこと、朝飯前という意味です。（濃音化 p.109 参照）
   (6) ㅂ+ㄴ→ㅁ+ㄴ ••• 없는[업는→엄는]
   「盗人にも三分の理」。どんなことでも必ず理由はあるという意味です。

3 鼻音化II

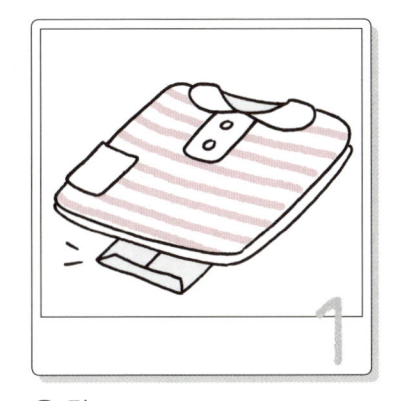

WARMING-Up

CDを聴いて下線部の発音を選んでみましょう。 🎧-113

옷 밑
① [온믿]　② [옥믿]

꽃 밑
① [꼼믿]　② [꼰믿]

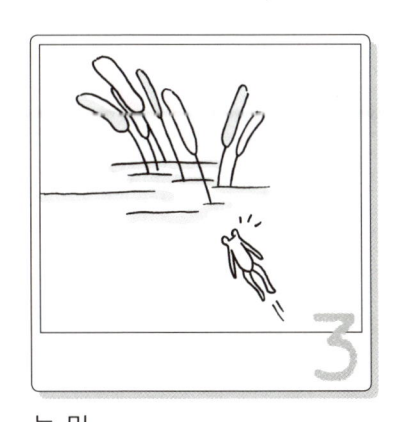

늪 밑
① [늠믿]　② [늑믿]

장독 밑
① [장똥믿]　② [장똔믿]

解答は p.82

鼻音化 II

(1) 分かち書きの場合 🎧-114

　鼻音化は普通、한국말[한궁말]（韓国語）のように1単語内で起こります（鼻音化 p.71 参照）。しかし、単語と単語の間に分かち書きがされていても、それ全体が1つのかたまりとして捉えられる場合、会話では普通、鼻音化して発音されます。たとえば、몇 년（何年）は[면 년→면년]と発音します。

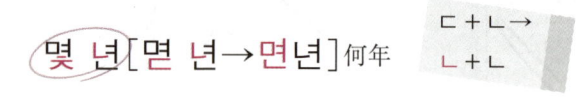

몇 년[면 년→면년] 何年　　ㄷ+ㄴ→ㄴ+ㄴ

십 년[심년] 10年　　ㅂ+ㄴ→ㅁ+ㄴ

꼭 만납시다[꼭 만납씨다→꽁만납씨다]　　ㄱ+ㅁ→ㅇ+ㅁ
必ずお会いしましょう（濃音化 p.109 参照）

Exercise 1 🎧-115

動詞の不可能表現「못（〜できない）」は、次に来る初声がㅁ、ㄴの場合、会話では普通、鼻音化して発音されます。鼻音化に注意しながら、CDの音声の後について発音してみましょう。CDでは基本形、ヘヨ体、不可能表現の順で読みます。

基本形	ヘヨ体	不可能表現
①먹다[먹따] 食べる	먹어요[머거요] 食べます	못 먹어요[몬 머거요→몬머거요] 食べられません
②믿다[믿따] 信じる	믿어요[미더요] 信じます	못 믿어요[몬 미더요→몬미더요] 信じられません
③밀다 押す	밀어요[미러요] 押します	못 밀어요[몬 미러요→몬미러요] 押せません
④나가다 出かける	나가요 出かけます	못 나가요[몬 나가요→몬나가요] 出かけられません
⑤놀다 遊ぶ	놀아요[노라요] 遊びます	못 놀아요[몬 노라요→몬노라요] 遊べません
⑥넣다[너타] 入れる	넣어요[너어요] 入れます	못 넣어요[몬 너어요→몬너어요] 入れられません
⑦놓다[노타] 置く	놓아요[노아요] 置きます	못 놓아요[몬 노아요→몬노아요] 置けません

鼻音化II

　　部分に注意しながら、CDの音声の後について発音してみましょう。 🎧-116

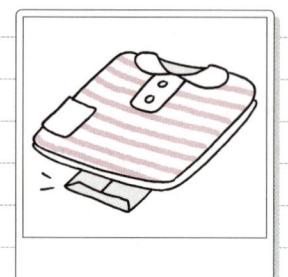

1
옷 밑
服の下

옷[옫]服 밑[믿]下

옷 밑[옫 믿→온믿]
服の下

2
꽃 밑
花の下

꽃[꼳]花 밑[믿]下

꽃 밑[꼳 믿→꼰믿]
花の下

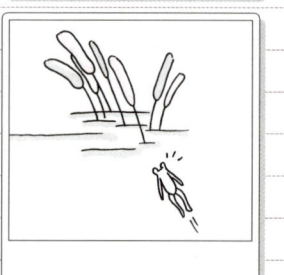

3
늪 밑
沼の底

늪[늡]沼 밑[믿]下

늪 밑[늡 믿→늠믿]
沼の底

4
장독 밑
壺の下

장독[장똑]キムチ、醬油などを発酵させたり、貯蔵するための壺（濃音化 p.127 参照）
밑[믿]下

장독 밑[장똑 믿→장똥믿]
壺の下

p.79 の解答：1.① 2.② 3.① 4.①

Exercise 2 🎧-117〜120

1. 下線部が発音通りに表記されたものを選んでみましょう。その後、CDを聴きながら発音を確認してみましょう。🎧-117
(1) 몇 마리　何匹　　　　　①[멱마리]　②[면마리]
(2) 몇 명　何人　　　　　①[명명]　　②[면명]
(3) 몇몇　いくらか　　　　①[면멷]　　②[멷면]
(4) 몇몇만　何人かだけ　　①[면면만]　②[멱명만]

2. 鼻音化が起こる下線部に注意しながら、CDの音声の後について発音してみましょう。🎧-118
(1) 밥 먹을까요? ご飯、食べましょうか？
(2) 수박 먹고 싶어요. スイカが食べたいです。
(3) 저는 비빔밥 먹을게요. 私はビビンバを食べます。
(4) 오늘 떡국 먹었어요? 今日、お雑煮食べましたか？

3. CDを聴いて鼻音化が起こるところを探してみましょう。🎧-119
(1) 이 곡 몰라요? この曲、知りませんか？
(2) 이곳 모르세요? ここ、お分かりになりませんか？
(3) 옷 많네요. 服、多いですね。
(4) 초밥 못 먹어요. お寿司、食べられません。
(5) 정말 아무도 못 말려. まったく誰にも止められない。
(6) 새해 복 많이 받으세요. あけましておめでとうございます。

4. CDを聴いてことわざを完成させましょう。🎧-120
(1) _____ 년이면 강산도 변한다. 10年経てば (10年もすれば) 山河も変わる。
(2) _____ 놓고 기역자도 모른다. 鎌を置いてㄱの字も分からない。

解答はp.84

Exercise 2 (p.83) の答えと解説

1. (1) ㄷ+ㅁ→ㄴ+ㅁ ••• ②몇 마리[몓마리→면마리]
   (2) ㄷ+ㅁ→ㄴ+ㅁ ••• ②몇 명[몓명→면명]
   (3) ㄷ+ㅁ→ㄴ+ㅁ ••• ①몇몇[몓몓→면면]
   (4) ㄷ+ㅁ→ㄴ+ㅁ ••• ①몇몇만[몓몓만→면면만]

2. 分かち書きがされている場合は鼻音化せずに発音しても大丈夫です。
   (1) ㅂ+ㅁ→ㅁ+ㅁ ••• 밥 먹을까요[밥 머글까요→밤머글까요]
   (2) ㄱ+ㅁ→ㅇ+ㅁ ••• 수박 먹고[수박 먹꼬→수방먹꼬] (濃音化 p.109 参照)
   (3) ㅂ+ㅁ→ㅁ+ㅁ ••• 비빔밥 먹을게요[비빔빱 머글께요→비빔빰머글께요]
   　　　　　　　　　　　　　　　　　　　　　　　　　　(濃音化 p.127 参照)
   (4) ㄱ+ㅁ→ㅇ+ㅁ ••• 떡국 먹었어요[떡꾹 머거써요→떡꿍머거써요]
   　　　　　　　　　　　　　　　　　　　　　　　　　　(濃音化 p.109 参照)

3. (1) ㄱ+ㅁ→ㅇ+ㅁ ••• 이 곡 몰라요[이공몰라요]
   (2) ㄷ+ㅁ→ㄴ+ㅁ ••• 이곳 모르세요?[이곧 모르세요→이곤모르세요]
   (3) ㄷ+ㅁ→ㄴ+ㅁ ••• 옷 많네요[온 만네요→온만네요]
   　　　　　　　　　　　　　　　(ㅎの無音化 p.139 参照)
   (4) ㅂ+ㅁ→ㅁ+ㅁ、ㄷ+ㅁ→ㄴ+ㅁ ••• 초밥 못 먹어요[초밥 몯 머거요→초밤몬머거요]
   (5) ㄷ+ㅁ→ㄴ+ㅁ ••• 못 말려[몯 말려→몬말려]
   (6) ㄱ+ㅁ→ㅇ+ㅁ ••• 복 많이[복 마니→봉마니] (ㅎの無音化 p.139 参照)

4. (1) ㅂ+ㄴ→ㅁ+ㄴ ••• 십 년이면[심녀니면]
   　　月日の経過と共に全てが変化するという意味です。
   (2) ㄷ+ㄴ→ㄴ+ㄴ ••• 낫 놓고[낟 노코→난노코] (激音化 p.93 参照)
   　　すぐ眼の前にㄱの字の形に似ている鎌が置いてあるにもかかわらず、ㄱの字がわからない。「イロハのイの字も知らない」という意味で、文字を知らない人、または物事の理に暗い人のことを意味します。

3 鼻音化Ⅲ

WARMING-Up

CDを聴いて下線部の発音を選んでみましょう。 🎧-121

담력 테스트
① [담녁]　② [당력]

한국어능력시험
① [능녁]　② [는력]

체력은 국력
① [굼력]　② [궁녁]

압력 밥솥
① [악력]　② [암녁]

解答は p. 90

鼻音化Ⅱ

(1) **終声ㅁ、ㅇ＋初声ㄹの場合（流音の鼻音化）** 🎧-122

終声ㅁ、ㅇの後の初声ㄹは[ㄴ]に変わります。

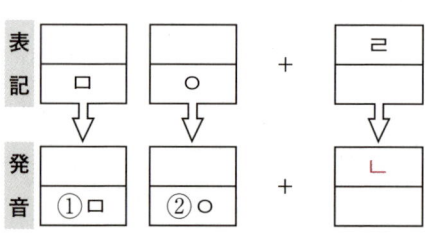

심리[심니]心理   ㅁ＋ㄹ→
　　　　　　　　ㅁ＋ㄴ

종류[종뉴]種類   ㅇ＋ㄹ→
　　　　　　　　ㅇ＋ㄴ

表記	ㅁ	ㅇ	＋	ㄹ
発音	①ㅁ	②ㅇ	＋	ㄴ

① ㅁ＋ㄹ → ㅁ＋ㄴ 🎧-123
음료[음뇨]飲料/금리[금니]金利/침략[침냑]侵略/삼류[삼뉴]三流/홈런[홈넌]ホームラン
② ㅇ＋ㄹ → ㅇ＋ㄴ 🎧-124
대통령[대통녕]大統領/정리[정니]整理/공로[공노]功労/강릉[강능]江陵（地名）

(2) 分かち書きの場合 🎧-125

分かち書きがされていても、それ全体が１つのかたまりとして捉えられる場合は、普通、鼻音化します。もちろん鼻音化せずに発音しても大丈夫です。

지금 라디오 들어요

[지금라디오드러요→지금나디오드러요]
今、ラジオ聴いています。

ㅁ＋ㄹ→
ㅁ＋ㄴ

나랑 라면 먹자 [나랑라면먹짜→나랑나면먹짜]
私とラーメン食べよう。（濃音化 p.109 参照）

ㅇ＋ㄹ→
ㅇ＋ㄴ

(3) **終声ㄱ、ㄷ、ㅂ＋初声ㄹの場合** 🎧-126

　終声ㄱ、ㄷ、ㅂの後での初声ㄹも[ㄴ]に変わります。しかし、初声ㄹは[ㄴ]に変わった後、もう一度鼻音化（鼻音化 p. 71 参照）しますので注意しましょう。つまり、終声ㄱ、ㄷ、ㅂの後に初声ㄹが来ると、発音はそれぞれ「ㄱ＋ㄹ→ㅇ＋ㄴ」、「ㄷ＋ㄹ→ㄴ＋ㄴ」、「ㅂ＋ㄹ→ㅁ＋ㄴ」に変わります。

식량[식냥→싱냥]食糧　　ㄱ＋ㄹ(→ㄱ＋ㄴ)
　　　　　　　　　　　　→ㅇ＋ㄴ

몇 리[멷리→멷니→면니]何里　ㄷ＋ㄹ(→ㄷ＋ㄴ)
　　　　　　　　　　　　　→ㄴ＋ㄴ

입력[입녁→임녁]入力　　ㅂ＋ㄹ(→ㅂ＋ㄴ)
　　　　　　　　　　　　→ㅁ＋ㄴ

鼻音化 III

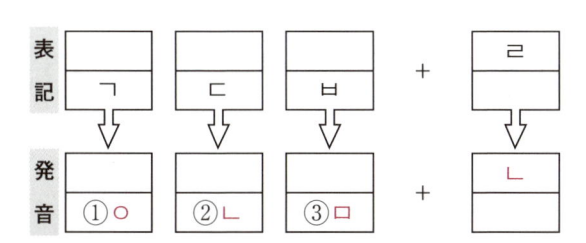

表記	ㄱ	ㄷ	ㅂ	+	ㄹ
発音	①ㅇ	②ㄴ	③ㅁ	+	ㄴ

① ㄱ + ㄹ (→ㄱ+ㄴ) → ㅇ + ㄴ 🎧-127
국립[국닙→궁닙]国立/독립[독닙→동닙]独立/확률[확늍→황뉼]確率/격리[격니→경니]隔離/격려[격녀→경녀]激励/대학로[대학노→대항노]大学路（地名)/목련[목년→몽년]モクレン
② ㄷ + ㄹ (→ㄷ+ㄴ) → ㄴ + ㄴ 🎧-128
몇리[몇리→멷니→면니]何里
③ ㅂ + ㄹ (→ㅂ+ㄴ) → ㅁ + ㄴ 🎧-129
협력[협녁→혐녁]協力/급료[급뇨→금뇨]給料/컵라면[컵나면→컴나면]カップラーメン/답례[답녜→담녜]答礼、お返し/십리[십니→심니]10里（1里は約0.393km）

鼻音化Ⅱ

部分に注意しながら、CDの音声の後について発音してみましょう。 🎧-130

1 담력 테스트
度胸試し

담력 [담녁]
度胸

2 한국어능력시험
韓国語能力試験

능력 [능녁]
能力

3 체력은 국력
体力は国力

국력 [국녁→궁녁]
国力

4 압력 밥솥
圧力鍋

압력 [압녁→암녁]
圧力

p.85 の解答：1.① 2.① 3.② 4.②

Exercise 1 🎧-131〜133

1. 下線部が発音通りに表記されたものを選んでみてください。その後、CDを聴きながら発音を確認してみましょう。🎧-131
   (1) 음력　陰暦　　　①[음녁]　②[응력]
   (2) 양력　陽暦　　　①[얌녁]　②[양녁]
   (3) 동료　同僚　　　①[돈뇨]　②[동뇨]
   (4) 공룡　恐竜　　　①[곰뇽]　②[공뇽]
   (5) 법률　法律　　　①[범뉼]　②[번뉼]
   (6) 학력　学歴　　　①[함녁]　②[항녁]
   (7) 공급량　供給量　①[공금냥]　②[공급냥]

2. 次は韓国の地下鉄の駅です。鼻音化が起こる駅名をすべて探してみてください。答えは4つです。その後、CDを聴きながら発音を確認してみましょう。🎧-132

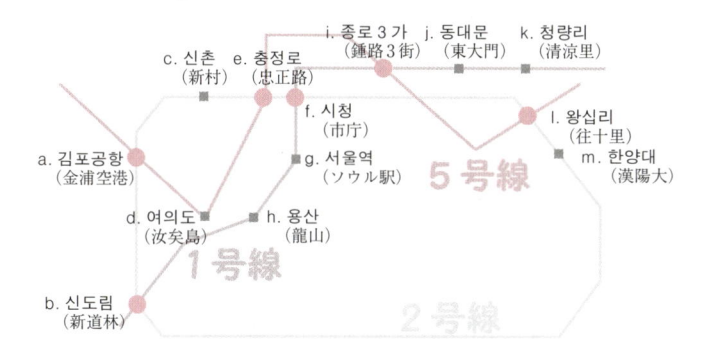

   a. 김포공항 (金浦空港)
   b. 신도림 (新道林)
   c. 신촌 (新村)
   d. 여의도 (汝矣島)
   e. 충정로 (忠正路)
   f. 시청 (市庁)
   g. 서울역 (ソウル駅)
   h. 용산 (龍山)
   i. 종로3가 (鍾路3街)
   j. 동대문 (東大門)
   k. 청량리 (清涼里)
   l. 왕십리 (往十里)
   m. 한양대 (漢陽大)

   1号線　2号線　5号線

3. CDを聴いて文章を完成させましょう。🎧-133
   (1) 종＿＿에서 뺨 맞고 한강에 가서 눈 흘긴다. 鍾路(地名)で頬をぶたれ、漢江(地名)でにらみつける。
   (2) 나를 버리고 가시는 님은 십＿＿도 못 가서 발병 난다. 私を捨てて行かれる方は10里(日本の1里)も行けずに足が傷む(民謡『アリラン』より)。

解答はp.92

鼻音化II

Exercise 1 (p.91) の答えと解説

1. (1) ㅁ+ㄹ→ㅁ+ㄴ ••• ①음력[음녁]
   (2) ㅇ+ㄹ→ㅇ+ㄴ ••• ②양력[양녁]
   (3) ㅇ+ㄹ→ㅇ+ㄴ ••• ②동료[동뇨]
   (4) ㅇ+ㄹ→ㅇ+ㄴ ••• ②공룡[공뇽]
   (5) ㅂ+ㄹ→ㅁ+ㄹ ••• ①법률[범뉼]
   (6) ㄱ+ㄹ→ㅇ+ㄴ ••• ②학력[항녁]
   (7) ㅂ+ㄹ→ㅁ+ㄴ ••• ①공급량[공금냥]

2. 鼻音化が起こるものは「e、i、k、l」の4つです。
   ㅇ+ㄹ→ㅇ+ㄴ ••• e. 충정로[충정노]忠正路
   ㅇ+ㄹ→ㅇ+ㄴ ••• i. 종로[종노]鍾路
   ㅇ+ㄹ→ㅇ+ㄴ ••• k. 청량리[청냥리]清涼里
   ㅂ+ㄹ→ㅁ+ㄴ ••• l. 왕십리[왕십니→왕심니]往十里
   * 連音化が起こるものは「g. 한양대[하냥대]」です。
   * ㄴ音の挿入 (p.149参照) および流音化 (p.133参照) が起こるものは「u. 서울역[서울녁→서울력]」です。
   * その他は発音変化が起こりません。

3. (1) ㅇ+ㄹ→ㅇ+ㄴ ••• 종로[종노]鍾路（地名）
   「江戸の敵を長崎で討つ」。人に辱められてもそこでは黙っていて、別のところで憤慨するという意味です。
   (2) ㅂ+ㄹ→ㅁ+ㄴ ••• 십 리[심니]10里

WARMING-UP

CDを聴いて下線部の発音を選んでみましょう。 🎧-134

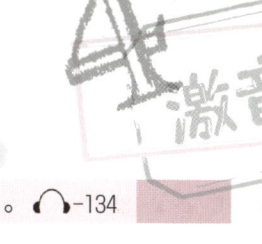

1
생일 축하해요.
① [추카해요]   ② [추가해요]

2
참 따뜻해요.
① [따뜨새요]   ② [따뜨태요]

3
입학선물로 받았어요.
① [입박]   ② [이팍]

4
정말 그렇지요?
① [그러티요]   ② [그러치요]

解答は p.96

激音化Ⅰ

(1) 激音化 🎧-135

平音ㄱ、ㄷ、ㅂ、ㅈは、前後にㅎが来ると激音[ㅋ、ㅌ、ㅍ、ㅊ]に変わります。このような発音変化を激音化といいます。

백화점[배콰점] デパート　　ㄱ+ㅎ→ㅋ

입학[이팍] 入学　　ㅂ+ㅎ→ㅍ

좋다[조타] よい　　ㅎ+ㄷ→ㅌ

(2) 終声ㅈの場合 🎧-136

名詞の場合は、後ろに助詞や単語などの独立的な要素が来ると、①一度代表音[ㄷ](終声規則 p.27 参照)に変わってから、②激音化するので、[ㅌ]になります。

낮하고[낟하고→나타고] (○)/[나차고] (×) お昼と

　①終声規則　　　②激音化

一方、動詞の語幹の場合は、その後にㅎで始まる接尾辞が来ると[ㅊ]になります。

맞히다[마치다] 言い当てる

> **TIP**
> 終声ㄷの次にㅎが来るのは動詞の語幹+「히、혀」の時ですが、この場合は口蓋音化して[치、처]になります(口蓋音化 p.161、おまけ p.168 参照)。
> ex) 닫히다[다치다] (○)/[다티다] (×) 閉まる

激音化I

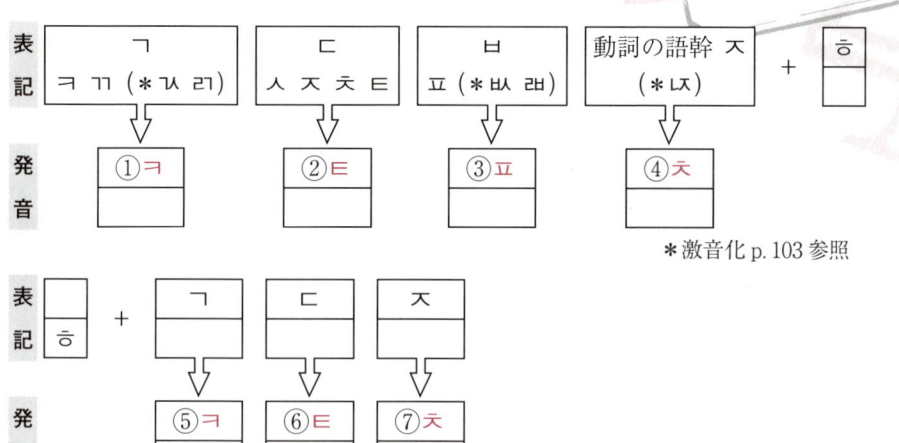

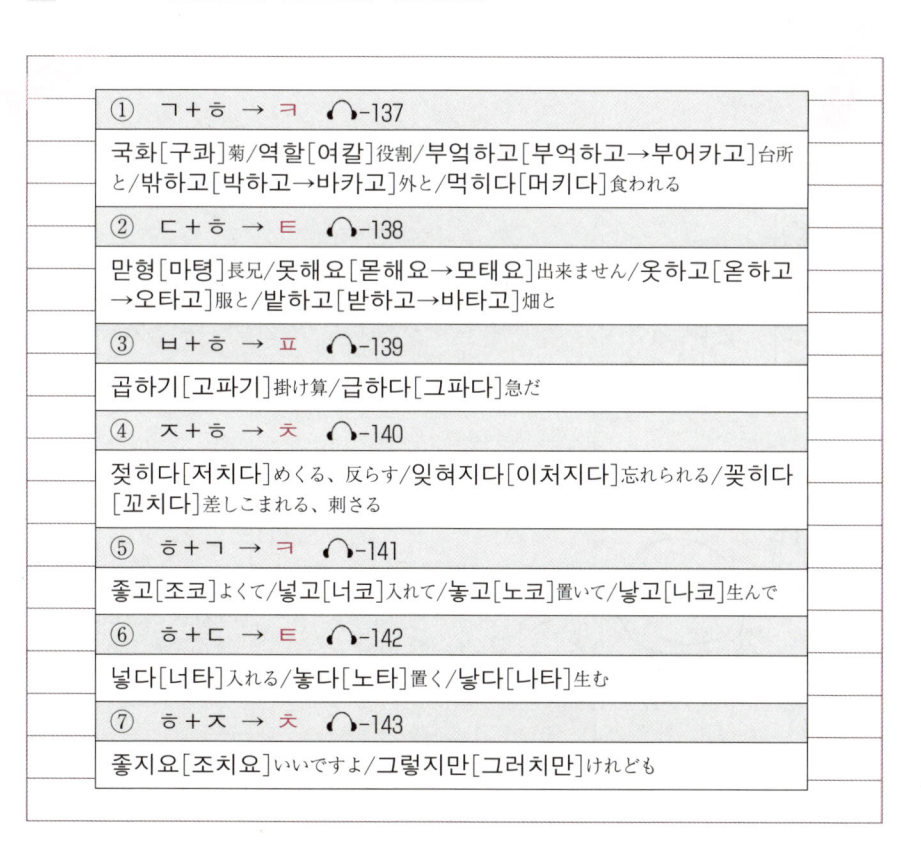

表記	ㄱ ㅋ ㄲ (*ㄳ ㄺ)	ㄷ ㅅ ㅈ ㅊ ㅌ	ㅂ ㅍ (*ㅄ ㄼ)	動詞の語幹 ㅈ (*ㄵ)	+	ㅎ
発音	① ㅋ	② ㅌ	③ ㅍ	④ ㅊ		

表記	ㅎ	+	ㄱ	ㄷ	ㅈ
発音			⑤ ㅋ	⑥ ㅌ	⑦ ㅊ

*激音化 p.103 参照

①	ㄱ + ㅎ → ㅋ 🎧-137
국화[구콰]菊/역할[여칼]役割/부엌하고[부억하고→부어카고]台所と/밖하고[박하고→바카고]外と/먹히다[머키다]食われる	
②	ㄷ + ㅎ → ㅌ 🎧-138
맏형[마텽]長兄/못해요[몯해요→모태요]出来ません/옷하고[옫하고→오타고]服と/밭하고[받하고→바타고]畑と	
③	ㅂ + ㅎ → ㅍ 🎧-139
곱하기[고파기]掛け算/급하다[그파다]急だ	
④	ㅈ + ㅎ → ㅊ 🎧-140
젖히다[저치다]めくる、反らす/잊혀지다[이처지다]忘れられる/꽂히다[꼬치다]差しこまれる、刺さる	
⑤	ㅎ + ㄱ → ㅋ 🎧-141
좋고[조코]よくて/넣고[너코]入れて/놓고[노코]置いて/낳고[나코]生んで	
⑥	ㅎ + ㄷ → ㅌ 🎧-142
넣다[너타]入れる/놓다[노타]置く/낳다[나타]生む	
⑦	ㅎ + ㅈ → ㅊ 🎧-143
좋지요[조치요]いいですよ/그렇지만[그러치만]けれども	

激音化Ⅰ

部分に注意しながら、CD の音声の後について発音してみましょう。 🎧-144

1
생일 축하해요.
誕生日おめでとうございます。

축하해요 [추카해요]
おめでとうございます

2
참 따뜻해요.
本当に暖かいです。

따뜻해요 [따뜨태요]
暖かいです

3
입학선물로 받았어요.
入学祝いにもらいました。

입학 [이팍]
入学

4
정말 그렇지요?
本当にそうでしょう?

그렇지요? [그러치요]
そうでしょう?

p.93 の解答:1.① 2.② 3.② 4.②

Exercise 1 🎧-145

激音化Ⅰ

韓国語の形容詞には接尾辞「-하다」が付いているものが多いですが、この接尾辞「-하다」の前の終声がㄱ、ㄷ、ㅂの場合、激音化が起こります。激音化に注意しながら、CDの音声の後について発音してみましょう。CDでは基本形、ヘヨ体、連体形の順で読みます。

基本形	ヘヨ体	連体形
①착하다[차카다] 善良だ、よい	착해요[차캐요] やさしいです	착한[차칸] 사람 やさしい人
②약하다[야카다] 弱い	약해요[야캐요] 弱いです	약한[야칸] 술 弱い酒
③똑똑하다[똑또카다] 賢い、利口だ	똑똑해요[똑또캐요] 賢いです	똑똑한[똑또칸] 아이 利口な子
④딱딱하다[딱따카다] 固い	딱딱해요[딱따캐요] 固いです	딱딱한[딱따칸] 빵 固いパン
⑤촉촉하다[촉초카다] しっとりしている	촉촉해요[촉초캐요] しっとりしています	촉촉한[촉초칸] 피부 しっとりした肌
⑥행복하다[행보카다] 幸福だ、幸せだ	행복해요[행보캐요] 幸せです	행복한[행보칸] 날 幸せな日
⑦깨끗하다[깨끋하다→깨끄타다] 清潔だ、きれいだ	깨끗해요[깨끄태요] きれいです	깨끗한[깨끄탄] 물 きれいな水
⑧애틋하다[애튿하다→애트타다] 切ない	애틋해요[애트태요] 切ないです	애틋한[애트탄] 사랑 切ない恋
⑨섭섭하다[섭써파다] 名残惜しい、残念だ	섭섭해요[섭써패요] 残念です	섭섭한[섭써판] 표정 名残惜しそうな表情
⑩성급하다[성그파다] 短気だ、せっかちだ	성급해요[성그패요] 短気です	성급한[성그판] 사람 せっかちな人

激音化Ⅰ

Exercise 2 🎧-146〜149

1. 韓国語の助詞「하고」は並列の「〜と」の意味ですが、この「하고」の前に来る名詞の終声がㄱ、ㄷ、ㅂ、ㅈの場合、激音化が起こります。激音化に注意しながら、CDの音声の後について発音してみましょう。CDではまず単語を読み、次に「하고」をくっつけて読みます。

① 終声[ㄱ]	① ㄱ+ㅎ → ㅋ 🎧-146
국 スープ	국하고[구카고]スープと
떡 餅	떡하고[떠카고]餅と
죽 お粥	죽하고[주카고]お粥と
수박 スイカ	수박하고[수바카고]スイカと
호박 カボチャ	호박하고[호바카고]カボチャと
② 終声[ㄷ]	② ㄷ+ㅎ → ㅌ 🎧-147
옷[옫]服	옷하고[옫하고→오타고]服と
잠옷[자몯]パジャマ	잠옷하고[자몯하고→자모타고]パジャマと
속옷[소곧]下着	속옷하고[소곧하고→소고타고]下着と
빚[빋]借金	빚하고[빋하고→비타고]借金と
꽃[꼳]花	꽃하고[꼳하고→꼬타고]花と
끝[끋]終わり	끝하고[끋하고→끄타고]終わりと
③ 終声[ㅂ]	③ ㅂ+ㅎ → ㅍ 🎧-148
밥 ご飯	밥하고[바파고]ご飯と
비빔밥[비빔빱]ビビンバ	비빔밥하고[비빔빠파고]ビビンバと
옆[엽]横	옆하고[엽하고→여파고]横と
무릎[무릅]ひざ	무릎하고[무릅하고→무르파고]膝と

2. 次は体の名称ですが、それぞれの名称に助詞「하고（〜と）」をくっつけて発音してみましょう。その後、CDを聴きながら発音を確認してみましょう。 ♪-149

　　ex) a. 턱　顎　→　턱하고[터카고]顎と
　　　　b.
　　　　c.
　　　　d.
　　　　e.
　　　　f.
　　　　g.
　　　　h.
　　　　i.
　　　　j.
　　　　k.
　　　　l.
　　　　m.

m. 머리카락(髪の毛)
b. 손바닥(手のひら)
a. 턱(顎)
c. 손목(手首)
i. 손가락(指)
l. 입(口)
k. 목(首)
d. 배꼽(へそ)
j. 손톱(手の爪)
e. 발가락(足の指)
f. 발바닥(足の裏)
h. 발목(足首)
g. 발톱(足の爪)

解答はp.100

激音化I

Exercise 3 🎧-150

次はㅎ用言の例です。激音化に注意しながら、CDの音声の後について発音してみましょう。 CDではまず基本形を読み、次に「-고、-게」、「-고、-지만」をくっつけて読みます。

基本形	고 〜して、〜くて（並列）	게 〜く、〜に
① 하얗다[하야타]白い	하얗고[하야코]	하얗게[하야케]
② 까맣다[까마타]黒い	까맣고[까마코]	까맣게[까마케]
③ 파랗다[파라타]青い	파랗고[파라코]	파랗게[파라케]
④ 빨갛다[빨가타]赤い	빨갛고[빨가코]	빨갛게[빨가케]
⑤ 노랗다[노라타]黄色い	노랗고[노라코]	노랗게[노라케]
⑥ 이렇다[이러타]こうだ	이렇고[이러코]	이렇게[이러케]
⑦ 그렇다[그러타]そうだ	그렇고[그러코]	그렇게[그러케]
⑧ 저렇다[저러타]ああだ	저렇고[저러코]	저렇게[저러케]

基本形	고 〜して、〜くて（並列）	지만 〜だが、〜けれど
① 좋다[조타]よい	좋고[조코]	좋지만[조치만]
② 넣다[너타]入れる	넣고[너코]	넣지만[너치만]
③ 놓다[노타]置く	놓고[노코]	놓지만[노치만]
④ 쌓다[싸타]積む	쌓고[싸코]	쌓지만[싸치만]

Exercise 2-2（p. 99）の答え

a. 턱→턱하고[터카고]、b. 손바닥[손빠닥]→손바닥하고[손빠다카고]（濃音化 p. 127 参照）、c. 손목→손목하고[손모카고]、d. 배꼽→배꼽하고[배꼬파고]、e. 발가락[발까락]→발가락하고[발까라카고]（濃音化 p. 127 参照）、f. 발바닥[발빠닥]→발바닥하고[발빠다카고]（濃音化 p. 127 参照）、g. 발톱→발톱하고[발토파고]、h. 발목→발목하고[발모카고]、i. 손가락[손까락]→손가락하고[손까라카고]（濃音化 p. 127 参照）、j. 손톱→손톱하고[손토파고]、k. 목→목하고[모카고]、l. 입→입하고[이파고]、m. 머리카락→머리카락하고[머리카라카고]

Exercise 4 🎧-151〜154

1. 下線部が発音通りに表記されたものを選んでみてください。その後、CDを聴きながら発音を確認してみましょう。🎧-151
   (1) 백합　ユリ　　①[배갑]　②[배캅]
   (2) 급행　急行　　①[금행]　②[그팽]
   (3) 육회　ユッケ　①[유쾨]　②[유괴]
   (4) 첫해　初年　　①[처태]　②[처새]

2. 下線部の激音化に注意しながら、CDの音声の後について発音してみましょう。🎧-152
   (1) 비가 촉촉히 내리는 밤입니다. 雨がしっとり降る夜です。
   (2) 급히 나오느라고 지갑을 두고 나왔어요. 急いで出てきたので、財布を家に置き忘れました。
   (3) 반복해서 연습하면 잘 할 수 있을 거예요. 繰り返して練習すれば、上手になると思います。
   (4) 이 과일은 단맛하고 신맛이 나네요. この果物は甘味と酸味がありますね。

3. 次の文章を読んで、激音化が起こるところを探してみてください。その後、CDを聴きながら発音を確認してみましょう。🎧-153
   (1) 날씨가 많이 따뜻해졌어요. (天気が) かなり暖かくなりました。
   (2) 고소공포증을 극복하려면 어떻게 하면 됩니까? 高所恐怖症を克服するにはどうすればいいですか?
   (3) 학습 내용을 잘 이해하고 복습하고 예습을 잘 하면 돼요. 学習内容をよく理解し、復習と予習をちゃんとすれば大丈夫です。
   (4) 고온다습한 환경에서 곰팡이가 많이 발생합니다. 高温多湿な環境でカビがよく発生します。

4. CDを聴いてことわざを完成させましょう。🎧-154
   (1) 믿는 도끼에 발등 ＿＿＿힌다. 信じる斧に足の甲を切られる。
   (2) 소 ＿＿＿고 외양간 고친다. 牛を失くして牛小屋を直す。

解答は p.102

Exercise 4 (p. 101) の答えと解説

1. (1) ㄱ+ㅎ→ㅋ ••• ②백합[배캅]
   (2) ㅂ+ㅎ→ㅍ ••• ②급행[그팽]
   (3) ㄱ+ㅎ→ㅋ ••• ①육회[유쾨]
   (4) ㄷ+ㅎ→ㅌ ••• ①첫해[천해→처태]

2. (1) ㄱ+ㅎ→ㅋ ••• 촉촉히[초초키]しっとりと
   (2) ㅂ+ㅎ→ㅍ ••• 급히[그피]急に
   (3) ㄱ+ㅎ→ㅋ ••• 반복해서[반보캐서]繰り返して
       ㅂ+ㅎ→ㅍ ••• 연습하면[연스파면]練習すれば
   (4) ㄷ+ㅎ→ㅌ ••• 단맛하고[단마타고]甘味と

3. (1) ㄷ+ㅎ→ㅌ ••• 따뜻해졌어요[따뜨태저써요]暖かくなりました
   (2) ㄱ+ㅎ→ㅋ ••• 극복하려면[극뽀카려면]克服するには（濃音化 p.109 参照）、
       어떻게[어떠케]どのように
   (3) ㅂ+ㅎ→ㅍ ••• 복습하고[복쓰파고]復習して
   (4) ㅂ+ㅎ→ㅍ ••• 고온다습한[고온다스판]高温多湿な

4. (1) ㄱ+ㅎ→ㅌ ••• 찍힌다[찌킨다]
   「飼い犬に手を噛まれる」。信じていた人などに裏切られるという意味です。
   (2) ㅎ+ㄱ→ㅋ ••• 잃고[일코]
   「泥棒を捕えて縄をなう」という意味です。

WARMING-Up

CDを聴いて下線部の発音を選んでみましょう。 🎧-155

1. 바다를 밝히는 등대
① [발히는]   ② [발키는]

2. 생각을 넓혀주는 독서
① [널벼주는]   ② [널펴주는]

3. 딱 한 번만 보여 주세요.
① [따칸]   ② [따간]

4. 장미꽃 한 송이를 받았습니다.
① [꼬찬]   ② [꼬탄]

解答は p.106

激音化Ⅱ

(1) 二重子音の終声の場合 🎧-156

　二重子音の終声の名詞の場合は、後ろに助詞「하고（と）」や単語などの独立的な要素が来ると、①一度代表音（終声規則 p.27 参照）に変わってから、②激音化します。

ㄺ＋ㅎ（→ㄱ＋ㅎ）
→ㅋ

닭하고[닥하고→다카고]（○）/[달카고]（×）鶏と

몫하고[목하고→모카고]（○）/[목타고]（×）分け前と

ㄳ＋ㅎ（→ㄱ＋ㅎ）
→ㅋ

　一方、二重子音の終声ㄺ、ㄵ、ㄼ、ㅀ、ㄶの用言の場合は、左側は終声として残り、右側は次の子音と一緒に激音化します。

左側の終声は残ります。　　右側は次の子音と一緒に激音化します。

읽히다[일키다] 読まれる、読ませる　　ㄺ＋ㅎ→ㄹ＋ㅋ

앉히다[안치다] 座らせる　　ㄵ＋ㅎ→ㄴ＋ㅊ

밟히다[발피다] 踏まれる　　ㄼ＋ㅎ→ㄹ＋ㅍ

많다[만타] 多い　　ㄶ＋ㄷ→ㄴ＋ㅌ

싫다[실타] いやだ　　ㅀ＋ㄷ→ㄹ＋ㅌ

(2) 分かち書きの場合 🎧-157

　分かち書きがされていても、単語などの自立的な要素が来て、それ全体が1つのかたまりとして捉えられる場合、会話では普通、激音化します。もちろん激音化せずに発音しても大丈夫です。

국 한 대접 [국 한대접 → 구칸대접] スープ1杯

ㄱ+ㅎ→ㅋ

몇 해 [면 해 → 며태] 何年

ㄷ+ㅎ→ㅌ

밥 한 그릇 [밥 한그릇 → 바판그릇] ご飯1杯

ㅂ+ㅎ→ㅍ

　ただし、終声ㅈの場合は、後ろに助詞や単語などの独立的な要素が来ると、①代表音[ㄷ]に変わってから、②激音化します。[ㅊ]にはならないので、注意しましょう。

終声ㅈは注意！

온갖 힘 [온갇 힘 → 온가팀] (○) / [온가침] (×) あらゆる力

①終声規則　　②ㄷ+ㅎ→ㅌ

激音化Ⅱ

部分に注意しながら、CD の音声の後について発音してみましょう。 🎧-158

1
바다를 밝히는 등대
海を照らしてくれる灯台

밝히는 [발키는]
照らしてくれる（連体形）

2
생각을 넓혀주는 독서
思考を広げてくれる読書

넓혀주는 [널펴주는]
広げてくれる（連体形）

3
딱 한 번만 보여 주세요.
一回だけ見せてください。

딱　ぴったり、ちょうど、
한 번　一回

딱 한 번 [따칸번]
一回だけ

4
장미꽃 한 송이를 받았습니다.
薔薇の花一輪をもらいました。

장미꽃 [장미꼳] 薔薇の花
한 송이　一輪

장미꽃 한 송이
[장미꼳한송이→
장미꼬탄송이]
薔薇の花一輪

p.103 の解答：1.② 2.② 3.① 4.②

Exercise 1 🎧-159〜162

1. 韓国語の「몇」は「何時、何個、何枚」など、数量を問う時の「何〜」の意味ですが、「몇」の後に初声ㅎが来ると激音化が起こります。激音化に注意しながら、CDの音声の後について発音してみましょう。🎧-159
   (1) 몇 학년　何年生
   (2) 몇 회　何回
   (3) 몇 호　何号
   (4) 몇 회전　何回転
   (5) 몇 할　何割

2. 下線部が発音通りに表記されたものを選んでみてください。その後、CDを聴きながら発音を確認してみましょう。🎧-160
   (1) 닭 한 마리　鶏一羽　　①[달칸]　②[다칸]
   (2) 낮 한때　昼の一時　　①[나탄]　②[나잔]
   (3) 우유빛 하얀 피부　ミルク色の白い肌　①[비차]　②[비타]
   (4) 추석 한가위　秋夕 (陰暦8月15日)　①[서칸]　②[서간]

3. 下線部の激音化に注意しながら、CDの音声の後について発音してみましょう。🎧-161
   (1) 장미꽃 한다발을 받았습니다. 薔薇の花を一束もらいまいた。
   (2) 마음 속에 예쁜 꽃밭 하나를 만들었습니다. 心の中にきれいな花畑を1つ作りました。
   (3) 종이컵 한 개만 더 주세요. 紙コップもう1個だけください。
   (4) 떡 한 개만 더 먹을게. あともう1個だけ食べるよ。

4. CDを聴いてことわざを完成させましょう。🎧-162
   (1) 벙어리 냉가슴 _____ 듯. 口の利けない人が気をもむように。
   (2) 미운 놈 _____ 하나 더 준다. 憎いやつに餅をもう一つあげる。

解答はp.108

激音化 II

Exercise 1 （p. 107）の答えと解説

1. (1) ㅊ＋ㅎ→ㅌ ・・・ 몇 학년[멷 학년→며탕년]何年生
   (2) ㅊ＋ㅎ→ㅌ ・・・ 몇 회[멷 회→며퇴]何回
   (3) ㅊ＋ㅎ→ㅌ ・・・ 몇 호[멷 호→며토]何号
   (4) ㅊ＋ㅎ→ㅌ ・・・ 몇 회전[멷 회전→며퇴전]何回転
   (5) ㅊ＋ㅎ→ㅌ ・・・ 몇 할[멷 할→며탈]何割

2. (1) ㄹ＋ㅎ→ㄱ＋ㅎ→ㅋ ・・・ ②닭 한 마리[닥 한마리→다칸마리]鶏一羽
   (2) ㅈ＋ㅎ→ㄷ＋ㅎ→ㅌ ・・・ ①낮 한때[낟 한때→나탄때]昼の一時
   (3) ㅊ＋ㅎ→ㄷ＋ㅎ→ㅌ ・・・ ②우유빛 하얀 피부[우유빋 하얀피부→우유비타얀피부]ミルク色の白い肌
   (4) ㄱ＋ㅎ→ㅋ ・・・ ①추석 한가위[추서칸가위]秋夕（추석、한가위とも言います）。

3. (1) ㅊ＋ㅎ→ㄷ＋ㅎ→ㅌ ・・・ 장미꽃 한다발[장미꼳 한다발→장미꼬탄다발]薔薇の花一束
   (2) ㅌ＋ㅎ→ㄷ＋ㅎ→ㅌ ・・・ 꽃밭 하나[꼳빧 하나→꼳빠타나]花畑1つ
   (3) ㅂ＋ㅎ→ㅍ ・・・ 종이컵 한 개[종이커판개]紙コップ1個
   (4) ㄱ＋ㅎ→ㅋ ・・・ 딱 한 개[따칸개] 1つだけ

4. (1) ㄶ＋ㄷ→ㄹ＋ㅌ ・・・ 앓듯[알튿]
   自分一人だけで悩み苦しむことのたとえです。
   (2) ㄱ＋ㅎ→ㅋ ・・・ 떡 하나[떠카나]
   嫌な人ほど良くしてあげて、良い感情を持つようにしなければならないという意味です。

WARMING-up

CDを聴いて下線部の発音を選んでみましょう。 🎧-163

1. 택시를 타고 갈까요?
① [택씨를]　② [태씨를]

2. 꽃도 받았어요.
① [꼭도]　② [꼳또]

3. 여성 잡지는 부록이 많아요.
① [잣시는]　② [잡찌는]

4. 오늘도 답장이 없어요.
① [답짱이]　② [다장이]

解答は p.112

濃音化

(1) 濃音化 🎧-164

終声ㄱ、ㄷ、ㅂの後に初声ㄱ、ㄷ、ㅂ、ㅅ、ㅈなどの平音が続くと、初声は濃音の［ㄲ、ㄸ、ㅃ、ㅆ、ㅉ］で発音されます。このような発音変化を濃音化といいます。

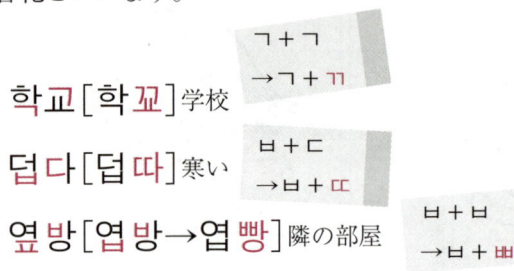

학교［학꾜］学校　　ㄱ+ㄱ →ㄱ+ㄲ

덥다［덥따］寒い　　ㅂ+ㄷ →ㅂ+ㄸ

옆방［엽방→엽빵］隣の部屋　　ㅂ+ㅂ →ㅂ+ㅃ

(2) 分かち書きの場合 🎧-165

分かち書きがされていても、それ全体が1つのかたまりとして捉えられる場合、会話では普通、濃音化して発音されます。

몇 시［면 시→면씨］何時

십 분［십뿐］10分

濃音化

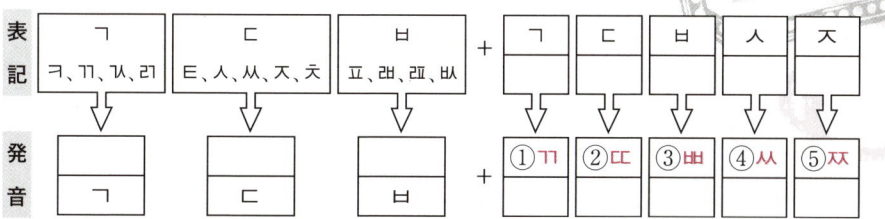

表記	ㄱ ㅋ、ㄲ、ㄳ、ㄹㄱ	ㄷ ㅌ、ㅅ、ㅆ、ㅈ、ㅊ	ㅂ ㅍ、ㄼ、ㄿ、ㅄ	+	ㄱ	ㄷ	ㅂ	ㅅ	ㅈ
発音	ㄱ	ㄷ	ㅂ	+	①ㄲ	②ㄸ	③ㅃ	④ㅆ	⑤ㅉ

① ㄱ、ㄷ、ㅂ + ㄱ → ㄱ、ㄷ、ㅂ + ㄲ 🎧-166
[ㄱ] 약국[약꾹]薬局/악기[악끼]楽器/국가[국까]国家
[ㄷ] 듣기[듣끼]聞き取り/받고[받꼬]受けて/옷걸이[옫꺼리]ハンガー/뒷길[뒫낄]裏道
[ㅂ] 입구[입꾸]入口/입국[입꾹]入国/잡곡[잡꼭]雑穀

② ㄱ、ㄷ、ㅂ + ㄷ → ㄱ、ㄷ、ㅂ + ㄸ 🎧-167
[ㄱ] 복도[복또]廊下/국도[국또]国道
[ㄷ] 옷도[옫또]服も/밭도[받또]畑も
[ㅂ] 입대[입때]入隊/춥다[춥따]寒い

③ ㄱ、ㄷ、ㅂ + ㅂ → ㄱ、ㄷ、ㅂ + ㅃ 🎧-168
[ㄱ] 특별[특뼐]特別
[ㄷ] 숯불[숟뿔]炭火
[ㅂ] 입버릇[입뻐른]口癖

④ ㄱ、ㄷ、ㅂ + ㅅ → ㄱ、ㄷ、ㅂ + ㅆ 🎧-169
[ㄱ] 학생[학쌩]学生/약속[약쏙]約束/책상[책쌍]机/목소리[목쏘리]声
[ㄷ] 받습니다[받씁니다]受けます/닫습니다[닫씁니다]閉めます
[ㅂ] 엽서[엽써]葉書/접속[접쏙]接続

⑤ ㄱ、ㄷ、ㅂ + ㅈ → ㄱ、ㄷ、ㅂ + ㅉ 🎧-170
[ㄱ] 숙제[숙쩨]宿題/학자[학짜]学者/먹지 않다[먹찌안타]食べない
[ㄷ] 곧장[곧짱]まっすぐ/숫자[숟짜]数字/낮잠[낟짬]昼寝
[ㅂ] 갑자기[갑짜기]突然/앞자리[압짜리]前の席

部分に注意しながら、CD の音声の後について発音してみましょう。 🎧-171

1 택시를 타고 갈까요?
タクシーに乗って行きましょうか。

택시 [택씨]
タクシー

2 꽃도 받았어요.
花ももらいました。

꽃도 [꼳또]
花も

3 여성 잡지는 부록이 많아요.
女性雑誌は付録が多いです。

잡지 [잡찌]
雑誌

4 오늘도 답장이 없어요
今日も返信がありません。

답장 [답짱]
返信

p.109 の解答：1.① 2.② 3.② 4.①

Exercise 1 🎧-172～174

韓国語の助詞「도」は添加の意味を表す「も」の意味ですが、この「도」の前に来る終声によって濃音化が起こる場合があります。濃音化に注意しながら、CDの音声の後について発音してみましょう。CDではまず単語を読み、次に「도」をくっつけて読みます。

① 終声[ㄱ]	① ㄱ+도 → ㄱ+또 🎧-172
국 スープ	국도[국또]スープも
약 薬	약도[약또]薬も
보석 宝石	보석도[보석또]宝石も
죽 お粥	죽도[죽또]お粥も
② 終声[ㅂ]	② ㅂ+도 → ㅂ+또 🎧-173
밥 ご飯	밥도[밥또]ご飯も
앞[압]前	앞도[압또]前も
숲[숩]森	숲도[숩또]森も
늪[늡]沼	늪도[늡또]沼も
③ 終声[ㄷ]	③ ㄷ+도 → ㄷ+또 🎧-174
팥[팓]小豆	팥도[팓또]小豆も
맛[맏]味	맛도[맏또]味も
이것[이걷]これ	이것도[이걷또]これも
그것[그걷]それ	그것도[그걷또]それも
저것[저걷]あれ	저것도[저걷또]あれも
낮[낟]昼	낮도[낟또]昼も
빚[빋]借金	빚도[빋또]借金も
빛[빋]光	빛도[빋또]光も

Exercise 2 🎧-175〜177

1. 発音通りに表記されたものを探してみてください。その後、CDを聴きながら、発音を確認してみましょう。🎧-175
   (1) 작가　作家　　①[자가]　②[작까]
   (2) 앞뒤　前後　　①[아뛰]　②[압뛰]
   (3) 학비　学費　　①[학삐]　②[항비]
   (4) 엽서　はがき　①[염써]　②[엽써]
   (5) 걱정　心配　　①[거쩡]　②[걱쩡]

2. 次はソウル市内の住所ですが、a〜jの中から濃音化が起こるものを探してみましょう。答えは3つです。🎧-176

a. 명동　明洞	b. 청담동　清潭洞	c. 목동　木洞
d. 인사동　仁寺洞	e. 압구정동　狎鴎亭洞	f. 서초동　瑞草洞
g. 논현동　論峴洞	h. 안국동　安國洞	i. 방배동　方背洞

3. 次は韓国のドラマや映画のタイトルです。まずタイトルを読んで、濃音化が起こるところを探してみてください。その後、CDを聴きながら発音を確認してみましょう。🎧-177
   (1) 『엽기적인 그녀』　猟奇的な彼女
   (2) 『옥탑방 고양이』　屋根部屋のネコ
   (3) 『꽃보다 남자』　花より男子
   (4) 『매리는 외박중』　メリーは外泊中
   (5) 『개와 늑대의 시간』　犬とオオカミの時間
   (6) 『어느 멋진 날』　ある素敵な日
   (7) 『그녀를 믿지 마세요』　彼女を信じないでください

解答は p.116

Exercise 3 🎧-178〜180

1. 次は韓国料理の名前ですが、a〜jの中から濃音化が起こるものを探してみましょう。答えは6つです。🎧-178

a. 막걸리 マッコリ	b. 김치 キムチ	c. 깍두기 カクテギ
d. 갈비 カルビ	e. 육개장 ユッケジャン	f. 국밥 クッパ
g. 족발 豚足	h. 떡볶이 トッポギ	i. 삼계탕 サムゲタン
j. 된장찌개 味噌チゲ		

2. CDを聴いて濃音化が起こるところを探してみましょう。🎧-179
(1) 맥주나 한 잔 하러 갑시다. ビールでも一杯飲みに行きましょう。
(2) 어느 식당에 갈까요? どの食堂に行きましょうか?
(3) 지금 식사 됩니까? 今、食事できますか?
(4) 여기 젓가락하고 숟가락 좀 주세요. こちらにお箸とスプーンをください。

3. CDを聴いてことわざを完成させましょう。🎧-180
(1) 병 주고 _____ 준다. 病気を与えて薬を与える。
(2) 하룻_____ 범 무서운 줄 모른다. 生まれたばかりの子犬はトラの恐ろしさを知らない。

解答は p.116

Exercise 2 (p.114) の答えと解説

1. (1) ㄱ+ㄱ→ㄱ+ㄲ ・・・ ②작가[작까]　(2) ㅍ+ㄷ→ㅂ+ㄸ ・・・ ②앞뒤[압뛰]
   (3) ㄱ+ㅂ→ㄱ+ㅃ ・・・ ①학비[학삐]　(4) ㅂ+ㅅ→ㅂ+ㅆ ・・・ ②엽서[엽써]
   (5) ㄱ+ㅈ→ㄱ+ㅉ ・・・ ②걱정[걱쩡]

2. 濃音化が起こるものは「c、e、h」です。
   ㄱ+ㄷ→ㄱ+ㄸ ・・・ c. 목동[목똥]木洞
   ㅂ+ㄱ→ㅂ+ㄲ ・・・ e. 압구정동[압꾸정동]狎鴎亭洞
   ㄱ+ㄷ→ㄱ+ㄸ ・・・ h. 안국동[안국똥]安國洞

3. (1) ㅂ+ㄱ→ㅂ+ㄲ ・・・ 엽기적인[엽끼적인]猟奇的な
   (2) ㅂ+ㅂ→ㅂ+ㅃ ・・・ 옥탑방[옥탑빵]屋根部屋
   (3) ㅊ+ㅂ→ㄷ+ㅃ ・・・ 꽃보다[꼳뽀다]花より
   (4) ㄱ+ㅈ→ㄱ+ㅉ ・・・ 외박중[외박쭝]外泊中
   (5) ㄱ+ㄷ→ㄱ+ㄸ ・・・ 늑대[늑때]オオカミ
   (6) ㅅ+ㅈ→ㄷ+ㅉ ・・・ 멋진[먿찐]素敵な
   (7) ㄷ+ㅈ→ㄷ+ㅉ ・・・ 믿지 마세요[믿찌마세요]信じないでください

Exercise 3 (p.115) の答えと解説

1. 濃音化が起こるものは「a、c、e、f、g、h」です。
   ㄱ+ㄱ→ㄱ+ㄲ ・・・ a. 막걸리[막껄리]、e. 육개장[육깨장]
   ㄱ+ㄷ→ㄱ+ㄸ ・・・ c. 깍두기[깍뚜기]
   ㄱ+ㅂ→ㄱ+ㅃ ・・・ f. 국밥[국빱]、g. 족발[족빨]、h. 떡볶이[떡뽀끼]

2. (1) ㄱ+ㅈ→ㄱ+ㅉ ・・・ 맥주나[맥쭈나]ビールでも
   (2) ㄱ+ㄷ→ㄱ+ㄸ ・・・ 식당에[식땅에]食堂に
   (3) ㄱ+ㅅ→ㄱ+ㅆ ・・・ 식사[식싸]食事
   (4) ㅅ、ㄷ+ㄱ→ㄷ+ㄲ ・・・ 젓가락[젇까락]お箸、숟가락[숟까락]スプーン

3. (1) ㄱ+ㅈ→ㄱ+ㅉ ・・・ 약 준다[약쭌다]薬をあげる
   害を及ぼしてから助けるふりをするという意味です。
   (2) ㅅ+ㄱ→ㄷ+ㄲ ・・・ 하룻강아지[하룯깡아지]生まれて間もない子犬
   無知は恐れを知らないという意味です。

WARMING-UP

CDを聴いて下線部の発音を選んでみましょう。 🎧-181

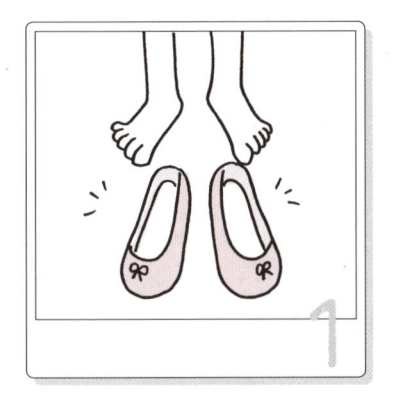

1. 이거 <u>신고</u> 가세요.
① [신고]　② [신꼬]

2. 첫째는 아빠를 <u>닮고</u> 둘째는 엄마를 닮았어요.
① [달꼬]　② [담꼬]

3. 세상은 <u>넓고</u> 넓습니다.
① [널꼬]　② [널고]

4. 그녀가 <u>올지도</u> 몰라요.
① [올지도]　② [올찌도]

解答は p.122

濃音化 II

(1) 二重子音の終声の場合 🎧-182

　二重子音の終声の発音が［ㄱ、ㄷ、ㅂ］の場合、その後に初声ㄱ、ㄷ、ㅂ、ㅅ、ㅈなどの平音が続くと、①一度代表音（終声規則 p.27 参照）に変わってから、②濃音化します（濃音化 p.109 参照）。

닭고기［닥고기→닥꼬기］鶏　　ㄹㄱ＋ㄱ（→ㄱ＋ㄱ）→ㄱ＋ㄲ

없고［업고→업꼬］いなくて、なくて　　ㅄ＋ㄱ（→ㅂ＋ㄱ）→ㅂ＋ㄲ

읽습니다［익습니다→익씀니다］読みます　　ㄹㄱ＋ㅅ（→ㄱ＋ㅅ）→ㄱ＋ㅆ

（鼻音化 p.71 参照）

(2) 子音語幹の用言における濃音化 🎧-183

①終声ㄴ（ㄵ）、ㅁ（ㄻ）の場合

　終声ㄴ（ㄵ）、ㅁ（ㄻ）の場合、その後に初声ㄱ、ㄷ、ㅂ、ㅅ、ㅈなどの平音が続くと、それに付く語尾や接尾辞の初声は濃音化します。

신다［신따］履く　　ㄴ＋ㄷ→ㄴ＋ㄸ

앉고［안꼬］座って　　ㄵ＋ㄱ→ㄴ＋ㄲ

남겠어요［남께써요］残ります（意志）、余りそうです（推測）　　ㅁ＋ㄱ→ㅁ＋ㄲ

젊지요?［점찌요］若いでしょう?　　ㄻ＋ㅈ→ㅁ＋ㅉ

濃音化Ⅱ

> **TIP**
> (1) 終声ㄴ、ㅁの名詞は濃音化しません。
>   ex) 신과[신과]（○）/[신꽈]（×）神と
>   바람도[바람도]（○）/[바람또]（×）風も
> (2) また、名詞形の語尾「-기」は濃音化しますが、受け身、使役の接尾辞「-기」は濃音化しません。
>   ex) 안기[안끼]（○）/[안기]（×）抱くこと
>   굶기[굼끼]（○）/[굼기]（×）食事を抜くこと
>   안기다[안기다]（○）/[안끼다]（×）抱かれる
>   굶기다[굼기다]（○）/[굼끼다]（×）飢えさせる

②終声ㄼ、ㄾの場合

　終声ㄼ、ㄾの場合、その後に初声ㄱ、ㄷ、ㅂ、ㅅ、ㅈなどの平音が続くと、それに付く語尾や接尾辞の初声は濃音化します。

넓게[널께] 広く　　　ㄼ＋ㄱ→ ㄹ＋ㄲ
떫지만[떨찌만] 渋いけれども　ㄼ＋ㅈ→ ㄹ＋ㅉ
핥다[할따] なめる　　ㄾ＋ㄷ→ ㄹ＋ㄸ

> **TIP**
> ただし、ㄹ語幹の用言では濃音化しません。
>   ex) 알다[알다]知る、分かる/알겠어요[알게써요]分かりました
>   살다[살다]住む/살고[살고]住んで
>   졸다[졸다]居眠りする/졸지만[졸지만]居眠りするけど
>   달다[달다]甘い/달지요?[달지요]甘いでしょう？
>
> ㄹ語幹は濃音化しません。

(3) 終声 ㅎ、ㄶ、ㅀ の場合 🎧-184

終声 ㅎ、ㄶ、ㅀ の後に初声 ㅅ が来ると、ㅎ は消えて、初声 ㅅ は濃音化し [ㅆ] と発音されます（ㅎ の無音化 p.139 参照）。

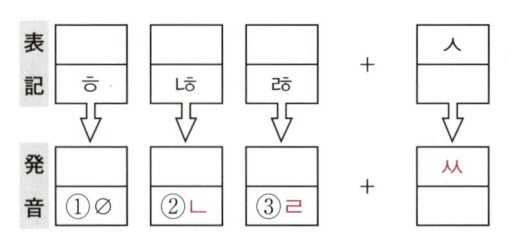

좋습니다[조씀니다] いいです　　　　ㅎ+ㅅ→
　　　　　　　　　　　　　　　　　　ㅆ
많습니다[만씀니다] 多いです　　　　ㄶ+ㅅ→
　　　　　　　　　　　　　　　　　ㄴ+ㅆ
잃습니다[일씀니다] 失います　　　　ㅀ+ㅅ→
　　　　　　　　　　　　　　　　　ㄹ+ㅆ

表記	ㅎ	ㄶ	ㅀ	+	ㅅ
発音	①∅	②ㄴ	③ㄹ	+	ㅆ

---

① ㅎ+ㅅ → ㅆ 🎧-185

하얗습니다[하야씀니다] 白いです / 이렇습니다[이러씀니다] こうです / 그렇습니다[그러씀니다] そうです / 넣습니다[너씀니다] 入れます

② ㄶ+ㅅ → ㄴ+ㅆ 🎧-186

괜찮습니다[괜찬씀니다] 大丈夫です / 귀찮습니다[귀찬씀니다] 面倒くさいです / 끊습니다[끈씀니다] 切ります / 먹지 않습니다[먹찌 안씀니다] 食べません

③ ㅀ+ㅅ → ㄹ+ㅆ 🎧-187

닳습니다[달씀니다] すり減ります / 싫습니다[실씀니다] いやです / 뚫습니다[뚤씀니다]（穴を）あけます / 옳습니다[올씀니다] 正しいです

(4) ㄹ連体形直後の平音の濃音化 🎧-188

未来連体形-(으)ㄹの直後に来る平音は濃音化します。

먹을 거예요 [머글꺼예요] 食べるつもりです

할 수 있어요 [할쑤이써요] できます

갈게요 [갈께요] 行きますね（約束）

볼지도 몰라요 [볼찌도몰라요] 見るかもしれません

살 것 [살껃] 買うもの

> **TIP**
>
> 「連体形語尾ㄹ＋名詞」の組み合わせでも濃音化しますが、これらの単語は限られているので、個別に覚えましょう。
> ex) 열쇠 [열쐬] カギ（開く＋カギ）
> 　　뺄셈 [뺄쎔] 引き算（引く＋計算）
> 　　땔감 [땔깜] 燃料（火をたく＋材料）
> 　　날짐승 [날찜승] 飛ぶ動物（鳥類）（飛ぶ＋生き物）

部分に注意しながら、CDの音声の後について発音してみましょう。 🎧-189

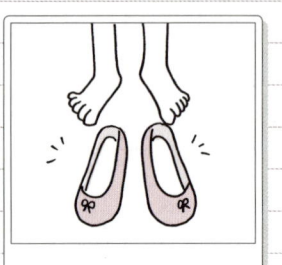

1

이거 신고 가세요.
これを履いていってください。

신고 [신꼬]
履いて

2

첫째는 아빠를 닮고
둘째는 엄마를 닮았어요.
上の子（1番目）は父に似て、下の子（2番目）は母に似ています。

닮고 [담꼬]
似て

3

세상은 넓고 넓습니다.
世の中はとても広いです。

넓고 [널꼬]
広くて

4

그녀가 올지도 몰라요.
彼女が来るかもしれません。

올지도 몰라요
[올찌도몰라요]
来るかもしれません。

p.117の解答：1.② 2.② 3.① 4.②

濃音化Ⅱ

Exercise 1 🎧-190〜193

次は単位を表す「시（時）、분（分）、개（個）、장（枚）」ですが、これらの後に来る平音によって濃音化が起こります。濃音化に注意しながら、CDの音声の後について発音してみましょう。

単位	何〜ですか？	例
①시 時 🎧-190	몇 시예요? [면씨예요] 何時ですか？	한 시 1時/두 시 2時/세 시 3時/네 시 4時/다섯 시[다섣씨] 5時/여섯 시[여섣씨] 6時/일곱 시[일곱씨] 7時/여덟 시[＊여덜씨] 8時/아홉 시[아홉씨] 9時/열 시[＊열씨] 10時/열한 시 11時/열두 시[열뚜시] 12時
②분 分 🎧-191	몇 분이에요? [면뿌니에요] 何分ですか？	일 분 1分/이 분 2分/삼 분 3分/사 분 4分/오 분 5分/육 분[육뿐] 6分/칠 분 7分/팔 분 8分/구 분 9分/십 분[십뿐] 10分/십일 분[시빌분] 11分/십이 분[시비분] 12分
③개 個 🎧-192	몇 개예요? [면깨예요] 何個ですか？	한 개 1個/두 개 2個/세 개 3個/네 개 4個/다섯 개[다섣깨] 5個/여섯 개[여섣깨] 6個/일곱 개[일곱깨] 7個/여덟 개[＊여덜깨] 8個/아홉 개[아홉깨] 9個/열 개[＊열깨] 10個/열한 개 11個/열두 개[열뚜개] 12個
④장 枚 🎧-193	몇 장이에요? [면짱이에요] 何枚ですか？	한 장 1枚/두 장 2枚/세 장 3枚/네 장 4枚/다섯 장[다섣짱] 5枚/여섯 장[여섣짱] 6枚/일곱 장[일곱짱] 7枚/여덟 장[＊여덜짱] 8枚/아홉 장[아홉짱] 9枚/열 장[＊열짱] 10枚/열한 장 11枚/열두 장[열뚜장] 12枚

＊固有数字「여덟 8」と「열 10」の後の平音も濃音化します。

Exercise 2 🎧194〜196

1. 下線部が発音通りに表記されたものを探してみてください。その後、CDを聴きながら発音を確認してみましょう。🎧-194
   (1) 강아지를 <u>안고</u> 있어요. 子犬を抱いています。　①[안고]　②[안꼬]
   (2) <u>떫고</u> 맛없어요. 渋くてまずいです。　①[떨꼬]　②[떨고]
   (3) <u>동그랗습니다</u>. 丸いです。　①[동그라흠니다]　②[동그라씀니다]
   (4) <u>볼 거예요</u>. 見るつもりです。　①[볼거예요]　②[볼꺼예요]
   (5) <u>먹을 수 있어요</u>. 食べることができます。　①[머글수]　②[머글쑤]
   (6) <u>추울지도</u> 몰라요. 寒いかもしれません。
   　　　　　　　　　　　　①[추울찌도]　②[추울지도]
   (7) 제가 <u>할게요</u>. 私がやります。(約束)　①[할게요]　②[할께요]
   (8) <u>잘 데가</u> 없어요. 寝る所がありません。　①[잘떼가]　②[잘데가]

2. 次の文章を読んで、濃音化が起こるところを探してみてください。その後、CDを聴きながら発音を確認してみましょう。🎧-195
   (1) 여름 휴가 때 한국에 갈 거예요. 夏の休暇に韓国に行くつもりです。
   (2) 지금은 말할 수 없어요. 今は話せません。
   (3) 점심을 먹을 데가 없어요. お昼を食べる所がありません。
   (4) 그녀가 떠날지도 몰라요. 彼女が去っていくかもしれません。
   (5) 여기는 볼 것이 참 많네요. ここは見どころが多いですね。
   (6) 이따가 전화할게요. 後で電話しますね。
   (7) 저희만 남고 모두 돌아갔어요. 私達だけ残って、みんな帰りました。

3. CDを聴いてことわざを完成させましょう。🎧-196
   (1) 수박 겉 핥＿＿＿. スイカの皮舐め。
   (2) 닭 ＿＿＿아 먹고 오리발 내민다. 鶏を食べて、鴨の足を出す。

解答は p.126

TIP

　「내 거 (私のもの)」、「제 거 (私のもの、내 거より丁寧な表現)」は、標準発音では濃音化は起こりませんが、会話では[내꺼]、[제꺼]と発音される場合が多いです。発音規則は絶対的なものではなく、多くの人々が使うことによって標準規定も変わります。たとえば、「ジャージャー麺」は、韓国語の標準表記と標準発音が「자장면」とされてきましたが、多くの人々が「짜장면」と表記し、発音することから、国立国語院では2011年8月31に「짜장면」の表記や発音も認めるようになりました。

Exercise 2 (p. 124) の答えと解説

1. (1) ②안고[안꼬] ••• 終声ㄴ用言の濃音化
   (2) ①떫고[떨꼬] ••• 終声ㄹㅂ用言の濃音化
   (3) ②동그랗습니다[동그라쏨니다] ••• 終声ㅎの後のㅅの濃音化
   (4) ②볼 거예요[볼꺼예요] ••• ㄹ連体形直後の平音の濃音化
   (5) ②먹을 수[머글쑤] ㄹ連体形直後の平音の濃音化
   (6) ①추울지도[추울찌도] ㄹ連体形直後の平音の濃音化
   (7) ②할게요[할께요] ㄹ連体形直後の平音の濃音化
   (8) ①잘 데가[잘떼가] ㄹ連体形直後の平音の濃音化

2. (1) 갈 거예요[갈꺼예요] ••• ㄹ連体形直後の平音の濃音化
   (2) 말할 수 없어요[마랄쑤업써요]（ㅎ弱化 p. 139 参照）••• ㄹ連体形直後の平音の濃音化
   (3) 먹을 데가[머글떼가] ••• ㄹ連体形直後の平音の濃音化
   (4) 떠날지도 몰라요[떠날찌도몰라요] ••• ㄹ連体形直後の平音の濃音化
   (5) 볼 것이[볼꺼시] ••• ㄹ連体形直後の平音の濃音化
   (6) 전화할게요[저놔할께요]（ㅎ弱化 p. 139 参照）••• ㄹ連体形直後の平音の濃音化
   (7) 남고[남꼬] ••• 子音語幹の用言の終声がㄴ、ㅁの場合の濃音化

3. (1) ㅌ+ㄱ→ㄹ+ㄲ ••• 핥기[할끼]舐めること
   分別なくむやみに飛びかかることを意味します。
   (2) ㄺ+ㅈ→ㄱ+ㅉ ••• 닭 잡아[닥짜바]鶏を捕って
   鶏の持ち主が、鶏を捕って食べた者に追及すると、自分が食べたのは鴨だと鴨の足を見せたという話が由来となったことわざで、「シラを切る」という意味です。

WARMING-up

CDを聴いて下線部の発音を選んでみましょう。 🎧-197

갈증 해소에는 맥주가 최고예요.
① [갈증]　② [갈쯩]

요즘 안과에 다니고 있어요.
① [안과]　② [안꽈]

눈사람이 혼자 서 있습니다.
① [눈싸라미]　② [눈사라미]

그 사람은 술버릇이 안 좋아요.
① [술뻐르시]　② [술버르시]

解答は p.130

(1) ㄹで終わる漢字語の濃音化 🎧-198

　濃音化は終声ㄱ、ㄷ、ㅂの後に初声ㄱ、ㄷ、ㅂ、ㅅ、ㅈなどの平音が続く時に起こりますが、有声音（母音と終声ㄴ、ㄹ、ㅁ、ㅇ）の後でも濃音化する場合があります。たとえばㄹで終わる漢字語は、その後に初声ㄷ、ㅅ、ㅈが来ると［ㄸ、ㅆ、ㅉ］と発音します。

　　　　발달［발딸］発達
　　　　출석［출썩］出席　　　ㄹ漢字語＋ㄷ、ㅅ、ㅈ
　　　　　　　　　　　　　　→ㄹ漢字語＋ㄸ、ㅆ、ㅉ
　　　　발전［발쩐］発展

> **TIP**
> ただし、ㄱ、ㅂが続く場合は、濃音化しません。
> ex）발견［발견］発見／출발［출발］出発／불법［불법］違法

(2) 漢字語の例外的な濃音化 🎧-199

　ㄹ以外の漢字語においても有声音（母音と終声ㄴ、ㄹ、ㅁ、ㅇ）の後の平音が濃音化する場合があります。このような濃音化は例外的なものが多いので、個別に覚えましょう。

　　　　내과［내꽈］内科　　　외과［외꽈］外科
　　　　문법［문뻡］文法　　　물가［물까］物価

> **TIP**
> 病院や学科の名前に付く「과（科）」は普通、濃音化します。
> ex）성형외과［성형외꽈］形成外科／정형외과［정형외꽈］整形外科
> 　　영문과［영문꽈］英文科／국문과［궁문꽈］国文科／의과［의꽈］医科

(3) 合成語の濃音化 🎧-200

2つの単語が結合してできている合成語の場合、有声音の後の平音が濃音化する場合があります。これらの濃音化は主に前の単語が後ろの単語を修飾する場合に起こりますが、例外的なものも多いので、個々の発音については個別に覚えましょう。

비빔 混ぜること ＋ 밥 ご飯　→ 비빔밥 [비빔빱] ビビンバ
　　└ 混ぜるご飯 ┘

물 水 ＋ 고기 肉　→ 물고기 [물꼬기] 魚
└ 水の肉 ┘

(1) ㄹで終わる漢字語 🎧-201	例外
출동[출똥]出動/발생[발쌩]発生/갈증[갈쯩]渇き/물질[물찔]物質/절도[절또]窃盗/몰상식[몰쌍식]非常識	출구[출구]出口/결국[결국]結局/돌발[돌발]突発
(2) 漢字語の例外的な濃音化 🎧-202	例外
여권[여꿘]パスポート/인기[인끼]人気/한자[한짜]漢字/성과[성꽈]成果/장점[장쩜]長所/단점[단쩜]短所/정가[정까]定価/사건[사껀]事件/조건[조껀]条件/헌법[헌뻡]憲法/품격[품껵]品格/인격[인껵]人格/시점[시쩜]視点	효과[효과]効果/위법[위법]違法/가격[가격]価格/품질[품질]品質/반점[반점]斑点
(3) 合成語の濃音化 🎧-203	例外
길가[길까]道端/강가[강까]川辺/밤비[밤삐]夜雨/술병[술뼝]酒瓶/술잔[술짠]酒杯/잠버릇[잠뻐른]寝癖/눈동자[눈똥자]瞳/우울증[우울쯩]憂鬱症/용돈[용똔]小遣い/손등[손뜽]手の甲/손수건[손쑤건]ハンカチ	돌담[돌담]石垣/불고기[불고기]焼肉/김밥[김밥]海苔巻き/콩밥[콩밥]豆ご飯

部分に注意しながら、CDの音声の後について発音してみましょう。 🎧-204

1
갈증 해소에는 맥주가 최고예요.
のどの渇きの解消にはビールが最高です。

갈증 [갈쯩]
渇き

2
요즘 **안과**에 다니고 있어요.
最近、眼科に行っています。

안과 [안꽈]
眼科

3
눈사람이 혼자 서 있습니다.
雪だるまが1人で立っています。

눈 雪　사람 人
눈사람 [눈싸람] 雪だるま

4
그 사람은 **술버릇**이 안 좋아요.
彼は酒癖がよくありません。

술 酒　버릇 [버른] 癖
술버릇 [술뻐른] 酒癖

p.127 の解答：1.② 2.② 3.① 4.①

Exercise 1 🎧-205〜207

1. 下線部が発音通りに表記されたものを選んでみてください。その後、CDを聴きながら発音を確認してみましょう。🎧-205
   (1) 출장　出張　　①[출장]　②[출짱]
   (2) 일등　一等　　①[일등]　②[일뜽]
   (3) 출근　出勤　　①[출근]　②[출끈]
   (4) 갈등　葛藤　　①[갈등]　②[갈뜽]
   (5) 치과　歯科　　①[치과]　②[치꽈]

2. 次の星座の中で濃音化が起こるものを探してみてください。答えは2つです。その後、CDを聴きながら発音を確認してみましょう。🎧-206

a. 양자리　おひつじ座	b. 황소자리　おうし座	
c. 쌍둥이자리　ふたご座	d. 게자리　かに座	e. 사자자리　しし座
f. 처녀자리　おとめ座	g. 천칭자리　てんびん座	
h. 전갈자리　さそり座	i. 사수자리　いて座	j. 염소자리　やぎ座
k. 물병자리　みずがめ座	l. 물고기자리　うお座	

3. 次は韓国のドラマや映画のタイトルです。まずタイトルを読んで、濃音化が起こるところを探してみてください。その後、CDを聴きながら発音を確認してみましょう。🎧-207
   (1) 『여명의 눈동자』　黎明の瞳
   (2) 『순풍 산부인과』　順風産婦人科
   (3) 『목욕탕집 남자들』　風呂場の男達
   (4) 『애정의 조건』　愛情の条件
   (5) 『내 머리 속의 지우개』　私の頭の中の消しゴム

解答は p.132

濃音化 II

Exercise 1 (p.131) の答えと解説

1. (1) ②출장[출짱]出張 ••• ㄹで終わる漢字語の濃音化
   (2) ②일등[일뜽]一等 ••• ㄹで終わる漢字語の濃音化
   (3) ①출근[출근]出勤 ••• ㄹで終わる漢字語「출(出)」の後に「ㄱ」が来るので、濃音化しません。
   (4) ②갈등[갈뜽]葛藤 ••• ㄹで終わる漢字語の濃音化
   (5) ②치과[치꽈]歯科 ••• 漢字語の例外的な濃音化

2. 濃音化が起こるものは「k. 물병자리[물뼝자리]みずがめ座」と「i. 물고기자리[물꼬기자리]うお座」です。他の星座の発音変化はありません。

3. (1)、(3)、(5)は合成語の濃音化、(2)、(4)は漢字語の例外的な濃音化です。
   (1) 여명의 눈동자[눈똥자]黎明の瞳 ••• 合成語の濃音
   (2) 순풍 산부인과[산부인꽈]順風産婦人科 ••• 漢字語の例外的な濃音化
   (3) 목욕탕집[모곡탕찝] 남자들　風呂場の男達 ••• 合成語の濃音
   (4) 애정의 조건[조껀]　愛情の条件 ••• 漢字語の例外的な濃音化
   (5) 내 머리 속의[머리쏘게] 지우개　私の頭の中の消しゴム ••• 合成語の濃音

6 流音化

WARMING-UP

CDを聴いて下線部の発音を選んでみましょう。 🎧-208

일 년 동안 전화 한 통 없었다.
① [인년똥안]   ② [일련똥안]

자기 의무를 지키고 나서 권리를 주장하자.
① [권니를]   ② [궐리를]

뭐든지 결단력이 중요하다.
① [결달려기]   ② [결딴녀기]

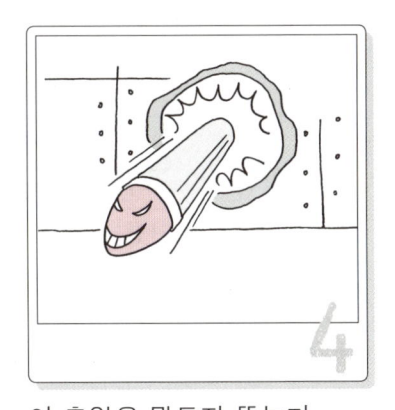

이 총알은 뭐든지 뚫는다.
① [뚤른다]   ② [뚜른다]

解答は p.136

流音化

(1) 流音化 🎧-209

ㄹの前後のㄴは[ㄹ]と発音されますが、このような発音変化を流音化と言います。

진로[질로] 進路、JINRO（焼酎の名前）　　ㄴ+ㄹ→ㄹ+ㄹ

설날[설랄] 元旦　　ㄹ+ㄴ→ㄹ+ㄹ

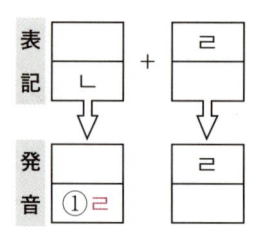

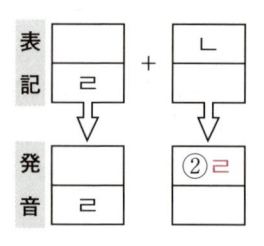

表記	ㄴ	+	ㄹ		表記	ㄹ	+	ㄴ
発音	①ㄹ		ㄹ		発音	ㄹ		②ㄹ

ㄹ前後のㄴはㄹと発音します。

① ㄴ+ㄹ → ㄹ+ㄹ 🎧-210
편리[펼리]便利/인류[일류]人類/난로[날로]暖炉/관련[괄련]関連/관리[괄리]管理/원래[월래]元来/논리[놀리]論理/전력[절력]電力/신라[실라]新羅/대관령[대괄령]大關嶺（地名）/전라도[절라도]全羅道（地名）
② ㄹ+ㄴ → ㄹ+ㄹ 🎧-211
열넷[열렏]14（固有数詞）/오늘날[오늘랄]今日（こんにち）/칼날[칼랄]刃/실내[실래]室内/잘나다[잘라다]秀でている/물난리[물랄리]洪水騒ぎ、水不足の騒動
＊流音は舌先が軽く上の歯茎をはじく音です。

流音化

(2) 二重子音の終声 ㅀ、ㄾ の場合 🎧-212

二重子音の終声 ㅀ、ㄾ の後の ㄴ も [ㄹ] と発音されます。

닳는[달는→달른]すり減る（連体形）　　ㅀ+ㄴ（→ㄹ+ㄴ）
　　　　　　　　　　　　　　　　　　　→ㄹ+ㄹ

앓는다[알는다→알른다]患う（現在形）

핥네[할네→할레]なめるなあ（詠嘆）（ㅎの無音化 p.139 参照）

　　　　　　　　　　　　　　　　　　　ㄾ+ㄴ（→ㄹ+ㄴ）
　　　　　　　　　　　　　　　　　　　→ㄹ+ㄹ

(3) 分かち書きの場合 🎧-213

分かち書きがされていても、単語などの自立的な要素が来て、それ全体が1つのかたまりとして捉えられる場合、会話では普通、流音化します。

칠 년[칠련]7年

잘 놀아요[잘 노라요→잘로라요]よく遊びます

TIP

同じ「ㄴ+ㄹ」の組み合わせでも、自立的な単語の後に漢字語の接尾辞（力、量、欄、料、論など）が来ると、発音は[ㄴ+ㄴ]になります。

ex) 공권(公権)+력(力)→공권력[공꿘녁]公権力
　　 판단(判断)+력(力)→판단력[판단녁]判断力
　　 생산(生産)+량(量)→생산량[생산냥]生産量
　　 의견(意見)+란(欄)→의견란[의견난]意見欄
　　 입원(入院)+료(料)→입원료[이붠뇨]入院料
　　 이원(二元)+론(論)→이원론[이원논]二元論
cf) 권력[궐력]権力/근력[글력]筋力

流音化

___部分に注意しながら、CD の音声の後について発音してみましょう。 🎧-214

1

일 년 동안 전화 한 통 없었다.
1年間電話1本なかった。

일 년 [일련]
1年

2

자기 의무를 지키고 나서 권리를 주장하자.
自分の義務を守って（果たして）から権利を主張しよう。

권리 [궐리]
権利

3

뭐든지 결단력이 중요하다.
何でも決断力が大事だ。

결단력 [결딴녁]
決断力

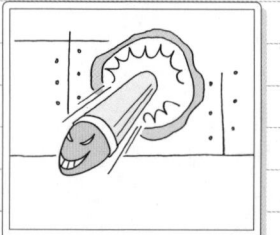

4

이 총알은 뭐든지 뚫는다.
この弾丸は何でも貫通する。

뚫는다 [뚤른다]
貫通する

p.133 の解答：1.② 2.② 3.② 4.①

Exercise 1 🎧-215～217

1. 下線部が発音通りに表記されたものを選んでみてください。その後、CDを聴きながら発音を確認してみましょう。🎧-215
   (1) 한류　韓流　　　①[한류]　　②[할류]
   (2) 줄넘기　縄跳び　①[줄넘끼]　②[줄럼끼]
   (3) 원료　原料　　　①[월료]　　②[원뇨]
   (4) 책을 대강 훑는다　本にざっと目を通す　①[훌른다]　②[훌튼다]
   (5) 엄마 찾아 삼만 리　母をたずねて三千里　①[삼만니]　②[삼말리]
   (6) 정신력　精神力　①[정신녁]　②[정실력]

2. CDを聴いて流音化が起こるところを探してみましょう。🎧-216
   (1) 도착하면 바로 연락하겠습니다.　着いたらすぐにご連絡いたします。
   (2) 여기 물냉면 하나 주세요.　ここに水冷麺1つください。
   (3) 천 리 길도 한 걸음부터라는 말이 있잖아요.　千里の道も一歩からと言うことばがあるじゃないですか。
   (4) 어려 보이지만 사실은 스물네 살이에요.　幼く見えるけれど、実は24才です。

3. 次の山の名前の中から、流音化が起こるものを探してみてください。その後、CDを聴きながら発音を確認してみましょう。🎧-217

a. 백두산　白頭山	b. 한라산　漢拏山	c. 지리산　智異山
d. 관악산　冠岳山	e. 북한산　北漢山	f. 설악산　雪岳山
g. 도봉산　道峰山	h. 내장산　内蔵山	

解答は p.138

Exercise 1 (p.137) の答えと解説

1. (1) ㄴ+ㄹ→ㄹ+ㄹ　●●●　②한류[할류]
   (2) ㄹ+ㄴ→ㄹ+ㄹ　●●●　②줄넘기[줄럼끼]
   (3) ㄴ+ㄹ→ㄹ+ㄹ　●●●　①원료[월료]
   (4) ㄾ+ㄴ→ㄹ+ㄹ　●●●　①훑는다[훌른다]
   (5) ㄴ+ㄹ→ㄹ+ㄹ　●●●　②삼만 리[삼말리]
   (6) ㄹが漢字語の接尾辞　●●●　①정신력[정신녁]（p.135 参照）

2. (1) 도착하면 바로 연락하겠습니다.
   ㄴ+ㄹ→ㄹ+ㄹ　●●●　연락하겠습니다[열라카겓씀니다]（激音化 p.93、濃音化 p.109 参照）
   (2) 여기 물냉면 하나 주세요.
   ㄴ+ㄹ→ㄹ+ㄹ　●●●　물냉면[물랭면]
   (3) 천 리 길도 한 걸음부터라는 말이 있잖아요.「천 리 길도 한 걸음부터（千里の道も一歩から）」はどんな事も最初が重要であるという意味です。
   ㄴ+ㄹ→ㄹ+ㄹ　●●●　천 리[철리]
   (4) 어려보이지만 사실은 스물네 살이에요.
   ㄴ+ㄹ→ㄹ+ㄹ　●●●　스물네 살이에요[스물레사리에요]

3. 流音化が起こるものは「b. 한라산」です。
   ㄴ+ㄹ→ㄹ+ㄹ　●●●　b. 한라산[할라산]
   *濃音化（ㄱ+ㄷ→ㄱ+ㄸ）　●●●　a. 백두산[백뚜산]
   *連音化、濃音化（ㄱ+ㅅ→ㄱ+ㅆ）　●●●　d. 관악산[과낙싼]、f. 설악산[서락싼]
   *激音化（ㄱ+ㅎ→ㅋ）　●●●　e. 북한산[부칸산]
   *g. 도봉산[도봉산]、c. 지리산[지리산]、h. 내장산[내장산]の発音変化はありません。

WARMING-Up

CDを聴いて下線部の発音を選んでみましょう。 🎧-218

ㅎ弱化と無音化

1
조용히 하세요.
① [조요이]   ② [조용이]

2
천천히 드세요.
① [천처니]   ② [천처히]

3
좋은 사람이에요.
① [조흔]   ② [조은]

4
정말 괜찮아요.
① [괜차나요]   ② [괜차하요]

解答は p.144

ㅎ弱化と無音化

(1) ㅎの弱化 🎧-219

ㅎは有声音（母音と終声ㄴ、ㄹ、ㅁ、ㅇ）の後で弱くなり、発音しない場合もあります。このような発音変化をㅎ弱化といいます。もちろんㅎをそのまま発音しても大丈夫です。

母音＋ㅎ→
母音＋ㅇ

안녕하세요? [안녕하세요] / [안녕아세요] こんにちは

전화 [전화] / [전와→저놔] 電話　　ㄴ＋ㅎ→ㄴ

> ㅎが脱落して、連音化が起こります。

(2) 分かち書きの場合 🎧-220

分かち書きがされていても、単語などの自立的な要素が来て、合成語になったり、それ全体が1つのかたまりとして捉えられたりする場合も、ㅎの弱化が起こります。

파란 하늘 [파란 하늘] / [파라나늘] 青い空

안 해요 [안 해요] / [아내요] やりません

> ㅎが脱落して、連音化が起こります。

ㅎ弱化と無音化

① 母音＋ㅎ → ○ 🎧-221

오후[오후]/[오우]午後/이후[이후]/[이우]以後/대학[대학]/[대악]大学/여행[여행]/[여앵]旅行/공항[공항]/[공앙]空港/다시합시다[다시합씨다]/[다시압씨다]もう一回やりましょう/마흔[마흔]/[마은]40（固有数詞）/아흔[아흔]/[아은]90（固有数詞）

② ㄴ＋ㅎ → ㄴ 🎧-222

만화[만화]/[마놔]漫画/연휴[연휴]/[여뉴]連休/천천히[천천히]/[천저니]ゆっくり/완전히[완전히]/[완저니]完全に

③ ㄹ＋ㅎ → ㄹ 🎧-223

결혼[결혼]/[겨론]結婚/철학[철학]/[처락]哲学/올해[올해]/[오래]今年/일흔[일흔]/[이른]70（固有数詞）

④ ㅁ＋ㅎ → ㅁ 🎧-224

다음해[다음해]/[다으매]翌年/열심히[열씸히]/[열씨미]一生懸命に

⑤ ○＋ㅎ → ○＋○ 🎧-225

영화[영화]/[영와]映画/방학[방학]/[방악]（学校の長期の）休み/생활[생활]/[생왈]生活/안녕히[안녕히]/[안녕이]無事に/굉장히[굉장히]/[굉장이]ものすごく/죄송합니다[죄송함니다]/[죄송암니다]申し訳ありません

終声「○」はそのまま残ります。

ㅎ弱化と無音化

(3) ㅎの無音化 🎧-226

①終声ㅎの後に母音が来ると、ㅎは発音しません（連音化 p. 37 参照）。

좋아요 [조아요]（○）/ [조하요]（×）よいです

낳아요 [나아요]（○）/ [나하요]（×）生みます　　ㅎ＋ㅇ→ㅇ

넣어요 [너어요]（○）/ [너허요]（×）入れます

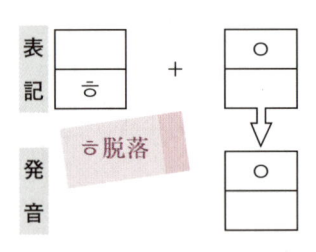

表記	ㅎ	＋	ㅇ
発音			ㅇ

ㅎ脱落

②二重子音の終声ㄶ、ㅀの後に母音が来る場合もㅎは脱落します。この場合、ㄴ、ㄹは連音化して、次の初声になります（連音化 p. 47 参照）。

ㅎ脱落

많아요 [만아요→마나요]（○）/ [만하요]（×）多いです

가지 않아요 [가지안아요→가지아나요]（○）/
[가지안하요]（×）行きません　　ㄴㅎ＋ㅇ→ㄴ

싫어요 [실어요→시러요]（○）/ [실허요]（×）いやです

끓어요 [끌어요→끄러요]（○）/ [끌허요]（×）沸きます

ㅀ＋ㅇ→ㄹ

> ㅎ弱化と無音化

③終声ㄶ、ㅀの後に初声ㄴが来ると、ㅎは発音しません。

많네요[만네요] 多いですね

않는다[안는다] 〜しない（現在形）　　ㄶ＋ㄴ → ㄴ＋ㄴ

끊는[끈는] 切る（連体形）

ㅎ脱落

また、終声ㅀの後のㅎは脱落した後、流音化が起こります（流音化 p.133 参照）。

끓네요[끌네요→끌레요] 沸きますね

앓는다[알는다→알른다] 患う（現在形）　　ㅀ＋ㄴ → ㄹ＋ㄹ

닳는[달는→달른] すり減る（連体形）

ㅎ脱落　　流音化

ㅎ弱化と無音化

部分に注意しながら、CDの音声の後について発音してみましょう。 🎧-227

1
조용히 하세요.
静かにしてください。

조용히 [조용히]/[조용이]
静かに

2
천천히 드세요.
ゆっくり召し上がってください。

천천히
[천천히]/[천처니]
ゆっくり

3
좋은 사람이에요.
いい人です。

좋은 [조은]
いい（連体形）

4
정말 괜찮아요.
本当に大丈夫です。

괜찮아요
[괜찮아요→괜차나요]
大丈夫です

p.139の解答：1.② 2.① 3.② 4.①

Exercise 1 🎧-228〜230

1. 次は接尾辞「-히」が付いた副詞ですが、a〜jの中からㅎの発音の変化が違うものを選んでみましょう。答えは2つです。🎧-228

a. 당연히 当然	b. 급히 急いで	c. 완전히 当然
d. 꼼꼼히 几帳面に	e. 솔직히 率直に	f. 부지런히 勤勉に
g. 특별히 特別に	h. 분명히 明らかに	i. 당당히 堂々と
j. 대단히 非常に		

2. 次は韓国のドラマや映画のタイトルです。下線部のㅎの発音に注意しながら、CDの音声の後について発音してみましょう。🎧-229
(1) 『미안하다, 사랑한다』 ごめん、愛してる
(2) 『아직도 결혼하고 싶은 여자』 まだ結婚したい女
(3) 『나의 달콤한 도시』 甘い私の都市
(4) 『찬란한 유산』 華麗なる遺産
(5) 『친절한 금자씨』 親切なクムジャさん

3. CDを聴いてㅎの発音の変化が起こるところを探してみましょう。
(1) 올해는 담배를 끊으세요. 今年は煙草をお止めください。🎧-230
(2) 뭘 좋아하세요? 何がお好きですか?
(3) 피는 물보다 진하다. 血は水より濃い
(4) 저는 운동하는 것을 싫어합니다. 私は運動するのが嫌いです。
(5) 짐은 여기에 놓으세요. お荷物はここに置いてください。

解答は p.146

Exercise 1 (p.145) の答えと解説

1. b. と e. は激音化が起こります。
    b. ㅂ+ㅎ→ㅍ ••• 급히[그피]急いで
    e. ㄱ+ㅎ→ㅋ ••• 솔직히[솔찌키]率直に
   その他はㅎの弱化が起こる場合です。
    a. 당연히[당연히]/[당여니]当然　c. 완전히[완전히]/[완저니]完全に
    d. 꼼꼼히[꼼꼼히]/[꼼꼬미]几帳面に　f. 부지런히[부지런히]/[부지러니]勤勉に
    g. 특별히[특별히]/[특뼈리]特別に　h. 분명히[분명히]/[분명이]明らかに
    i. 당당히[당당히]/[당당이]堂々と　j. 대단히[대단히]/[대다니]非常に

2.
(1) 미안하다 ごめん、사랑한다 愛している
(2) 결혼하고 싶은 結婚したい（連体形）
(3) 달콤한 甘い（連体形）
(4) 찬란한 まばゆい（連体形）
(5) 친절한 親切な

3.
(1) 올해는 담배를 끊으세요. 今年は煙草をお止めください。
(2) 뭘 좋아하세요? 何がお好きですか?
(3) 피는 물보다 진하다. 血は水より濃い
(4) 終声ㅇはしっかり発音します。
    저는 운동하는 것을 싫어합니다. 私は運動するのが嫌いです。
(5) 짐은 여기에 놓으세요. お荷物はここに置いてください。

> ㅎ弱化と無音化

TIP　ㅎ用言の発音変化のまとめ

①　終声ㅎ＋母音から始まる語尾 → 母音（ㅎ脱落）
넣어요[너어요]入れます/놓아요[노아요]置きます/낳은[나은]生んだ（連体形）/쌓은[싸은]積んだ（連体形）/놓여[노여]置かれて/쌓이다[싸이다]積まれる
②　終声ㅎ＋ㄱ、ㄷ、ㅈから始まる語尾 → ㅋ、ㅌ、ㅊ（激音化 p.93 参照）
넣고[너코]入れて/놓고[노코]置いて/좋던[조턴]よかった（連体形）/쌓지만[싸치만]積むけれど/그렇지만[그러치만]そうだけれど
③　終声ㅎ＋ㅅから始まる語尾 → ㅆ（濃音化 p.117 参照）
넣습니다[너씀니다]入れます/놓습니다[노씀니다]置きます/좋소[조쏘]いいです（感嘆）
④　終声ㅎ＋ㄴから始まる語尾 → ㄴ（ㅎ脱落）（鼻音化 p.71 参照）
넣는[넏는→넌는]入れる（連体形）/낳는[낟는→난는]生む（連体形）/쌓는[싿는→싼는]積む（連体形）/좋네[졷네→존네]いいね

TIP　ㄶ、ㅀ用言の発音変化のまとめ

①　終声ㄶ、ㅀ＋母音から始まる語尾 → ㅎは脱落し、連音化が起こる
많아요[만아요→마나요]多いです/괜찮은[괜찬은→괜차는]大丈夫な/끓어요[끌어요→끄러요]沸きます/앓은[알은→아른]患う（連体形）
②　終声ㄶ、ㅀ＋ㄱ、ㄷ、ㅈから始まる語尾 → ㅋ、ㅌ、ㅊ（激音化 p.103 参照）
많고[만코]多くて/괜찮겠다[괜찬켇따]大丈夫そうだ/끓던[끌턴]沸いていた（連体形）/앓지만[알치만]患うけれど
③　終声ㄶ、ㅀ＋ㅅから始まる語尾 → ㅆ（濃音化 p.117 参照）
많습니다[만씀니다]多いです/괜찮습니다[괜찬씀니다]大丈夫です/끓습니다[끌씀니다]沸きます/닳습니다[달씀니다]すり減ります
④　終声ㅀ＋ㄴから始まる語尾 → ㄹ＋ㄹ（ㅎ脱落）（流音化 p.133 参照）
끓는[끌는→끌른]沸く（連体形）/앓는[알는→알른]患う（連体形）/닳네요[달네요→달레요]すり減りますね

ひとやすみ

1. 그게 뭐예요?
   それは何ですか？

2. 실은…
   実は…

3. 「좋아해요」
   好きです
   「チョアエヨ」

4. 네???
   はい???

5. 갑자기 좋아한다고 하면…
   いきなり好きっていわれても…

6. 생화인 줄 알았나?
   生花だと思ったのかな。

＊「조화예요 造花です」と「좋아해요 好きです」の発音は、正確にはそれぞれ違いますが、ㅎの発音が弱くなると両方の区別がつかなくなり、同じように聞こえる場合があります。

WARMING-UP ㄴ音の挿入

CDを聴いて下線部の発音を選んでみましょう。 🎧-231

---

1. 두통약 좀 드릴까요?
① [두통냑]   ② [두토약]

2. 양털 무릎 담요라서 따뜻해요.
① [다묘라서]   ② [담뇨라서]

3. 부엌일은 제가 합니다.
① [부어키른]   ② [부엉니른]

4. 오늘이 무슨 요일이죠?
① [무스뇨이리죠]   ② [무슨뇨이리죠]

解答は p.152

ㄴ音の挿入

(1) ㄴの挿入 🎧-232

複数の語が合わさった複合語（派生語や合成語）において、前の語が終声で終わり、直後に母音야、여、요、유、이が続くと、ㄴが挿入され[냐、녀、뇨、뉴、니]と発音されます。このような発音変化をㄴの挿入といいます。

①複合語

부산釜山 + 역駅 [부산녁] 釜山駅 　ㄴ音の挿入

②終声　③母音「여」

＊「안약[아냑]目薬」、「금요일[그묘일]金曜日」などのように、1単語内では連音化が起こります。この場合、ㄴ音の挿入は起こりません。

また、挿入されたㄴによって、終声で鼻音化（p.71参照）や流音化（p.133参照）が起こる場合があります。

색色 + 연필鉛筆 [색년필→생년필] 色鉛筆 　ㄴ音の挿入

서울ソウル + 역駅 [서울녁→서울력] ソウル駅 　ㄴ音の挿入

(2) 分かち書きの場合 🎧-233

分かち書きがされていても、それ全体が1つのかたまりとして捉えられる場合、ㄴが挿入されて発音されます。

ㄴ音の挿入

한국 요리 [한국뇨리→한궁뇨리] 韓国料理 （鼻音化 p.71参照）

무슨 요일 [무슨뇨일] 何曜日

잘 입어요 [잘니버요→잘리버요] よく着ます

（流音化 p.133参照）

ㄴ音の挿入

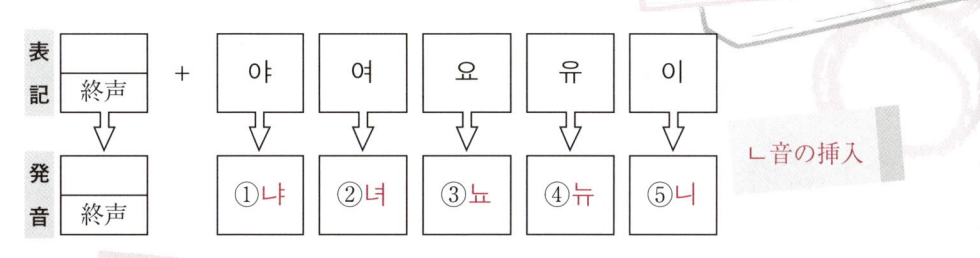

| 表記 | 終声 | + | 야 | 여 | 요 | 유 | 이 |

発音: 終声 + ①냐 ②녀 ③뇨 ④뉴 ⑤니

鼻音化や流音化に注意！

① 終声+야 → 終声+냐 🎧-234
면양말[면냥말]綿の靴下/막일[막닐→망닐]荒仕事
② 終声+여 → 終声+녀 🎧-235
한여름[한녀름]真夏/늦여름[늗녀름→는녀름]晩夏/전철역[전철녁→전철력]電車の駅/한국 여행[한국 녀행→한궁녀행]韓国旅行/한국 영화[한국 녕화→한궁녕화]韓国映画/그림 엽서[그림녑써]絵葉書
③ 終声+요 → 終声+뇨 🎧-236
담요[담뇨]毛布/영업용[영업뇽→영엄뇽]営業用/일본 요리[일본 뇨리]日本料理/닭요리[닥뇨리→당뇨리]鳥肉の料理/눈요기[눈뇨기]目の保養/정말요?[정말뇨→정말료]本当ですか？
④ 終声+유 → 終声+뉴 🎧-237
식용유[시공뉴]サラダ油/십육[십뉵→심뉵] 16/이십육[이십뉵→이심뉵] 26
⑤ 終声+이 → 終声+니 🎧-238
꽃이름[꼳니름→꼰니름]花の名前/나뭇잎[나묻닙→나문닙]木の葉/깻잎[깯닙→깬닙]エゴマの葉/아랫입술[아랟닙술→아랜닙술]下唇/윗잇몸[윋닏몸→윈닌몸]上歯茎/어떤 일[어떤닐]ある事
*分かち書きがされている場合は、連音化して発音したり、ㄴを挿入して発音したりします。 ex) 잘 입어요[자리버요]/[잘니버요→잘리버요]よく着ます

ㄴ音の挿入

　　部分に注意しながら、CDの音声の後について発音してみましょう。 🎧-239

1

두통약 좀 드릴까요?
頭痛薬を差し上げましょうか？

두통　頭痛
약　薬

두통약[두통냑]
頭痛薬

2

양털 무릎담요라서 따뜻해요.
羊毛のひざ掛けブランケットなので、暖かいです。

담요[담뇨]
毛布

3

부엌일은
제가 합니다.
台所の仕事は私がやります。

부엌[부억] 台所
일　仕事

부엌일[부억일→부엉닐]
台所の仕事、水仕事

4

오늘이
무슨 요일이죠?
今日は何曜日ですか？

무슨　何〜
요일　曜日

무슨 요일[무슨뇨일]
何曜日

p.149の解答：1.① 2.② 3.② 4.②

Exercise 1 🎧-240

　動詞の否定表現「안（～しない）」と動詞の不可能表現「못（～できない）」は、次の動詞が야、여、요、유、이から始まる場合、会話では普通ㄴ音が挿入され、[냐、녀、뇨、뉴、니]と発音されます。また、この場合ㄴ音が挿入されず連音化して発音する場合もあるので、両方発音してみましょう。CDでは基本形、ヘヨ体、否定表現の順で読みますが、否定表現はまず連音化して読み、次にㄴが挿入された場合を読みます。

基本形	ヘヨ体	否定表現
①입다[입따] 着る	입어요[이버요] 着ます	안 입어요[아니버요]/[안니버요]着ません
②읽다[익따] 読む	읽어요[일거요] 読みます	안 읽어요[아닐거요]/[안닐거요]読みません
③잊어버리다 [이저버리다]忘れる	잊어버려요[이저버려요]忘れます	안 잊어버려요[아니저버려요]/[안니저버려요]忘れません
④익히다[이키다] 火を通す	익혀요[이켜요] 火を通します	안 익혀요[아니켜요]/[안니켜요]火を通しません

基本形	ヘヨ体	否定表現
①입다[입따] 着る	입어요[이버요] 着ます	못 입어요[모디버요]/[몯니버요→몬니버요]着れません
②읽다[익따] 読む	읽어요[일거요] 読みます	못 읽어요[모딜거요]/[몯닐거요→몬닐거요]読めません
③일어나다 [이러나다] 起きる	일어나요[이러나요] 起きます	못 일어나요[모디러나요]/[몯니러나요→몬니러나요]起きられません
④잊다[읻따] 忘れる	잊어요[이저요] 忘れます	못 잊어요[모디저요]/[몯니저요→몬니저요]忘れられません
⑤열다 開ける	열어요[여러요] 開けます	못 열어요[모뎌러요]/[몯녀러요→몬녀러요]開けられません

Exercise 2 🎧-241〜243

1. ㄴ音が挿入されるところに注意しながら、CDの音声の後について韓国語の固有数詞（1つ、2つ、3つ〜）を言ってみましょう。🎧-241

1	2	3	4	5	6	7	8	9	10
하나	둘	셋	넷	다섯	여섯	일곱	여덟	아홉	열
11	12	13	14	15	16	17	18	19	20
열하나	열둘	열셋	열넷	열다섯	열여섯	열일곱	열여덟	열아홉	스물

2. 次は韓国の地下鉄の駅名ですが、すべてㄴ音が挿入されて発音されます。CDの音声の後について発音してみましょう。🎧-242

   a. 강남역　江南駅　　　b. 역삼역　駅三駅　　　c. 삼성역　三成駅
   d. 압구정역　狎鷗亭駅　e. 사당역　舎堂駅　　　f. 시청역　市庁駅
   g. 신도림역　新道林駅　h. 신촌역　新村駅　　　i. 종각역　鍾閣駅
   j. 동대문역　東大門駅

3. 下線部が発音通りに表記されたものを選んでみてください。その後、CDを聴きながら発音を確認してみましょう。🎧-243

   (1) 신혼여행　新婚旅行　　　①[신호녀행]　②[신혼녀행]
   (2) 지하철역　地下鉄の駅　　①[지하처력]　②[지하철력]
   (3) 십육 일　16日　　　　　①[시뷰길]　　②[심뉴길]
   (4) 휘발유　ガソリン　　　　①[휘발류]　　②[휘바류]
   (5) 삼십육　36（漢数詞）　　①[삼심뉵]　　②[삼시뷱]
   (6) 꽃잎　花びら　　　　　　①[꼬칩]　　　②[꼰닙]

解答は p.156〜p.157

Exercise 3 🎧-244〜247

1. 次は「일（仕事、こと）」が付いた合成語です。「일」の発音に注意しながら、発音してみてください。その後、CDを聴きながら発音を確認してみましょう。🎧-244

a. 부엌일 台所の仕事	b. 밤일 夜なべ	c. 앞일 未来のこと
d. 집안일 家事	e. 잡일 雑用	f. 막일 力仕事
g. 큰일 大変な事	h. 볼일 用事	i. 세상 일 世事

2. 次は「약（薬）」が付いた合成語ですが、ㄴの音の挿入が起こるものを探してみてください。答えは5つです。その後、CDを聴きながら発音を確認してみましょう。🎧-245

a. 두통약 頭痛薬	b. 감기약 風邪薬	c. 물약 液体の薬
d. 안약 目薬	e. 소독약 消毒薬	f. 내복약 内服薬
g. 알약 錠剤	h. 농약 農薬	

3. CDを聴いてㄴの音が挿入されるところを探してみましょう。🎧-246
(1) 좀 전에 어떤 여자가 찾아왔습니다. 先ほどある女の人が訪ねてきました。
(2) 이번 정차할 역은 서울역입니다. 今度停車する駅はソウル駅です。
(3) 무슨 일로 오셨어요? 何のご用でいらっしゃいましたか？
(4) 집 열쇠가 없어졌어요. 家の鍵がなくなりました。

4. CDを聴いて文章を完成させましょう。🎧-247
(1) 오늘 할 _____을 내일로 미루지 마라. 今日すべき事を明日に延期するな。
(2) 좋은 _____은 입에 쓰다. 良薬は口に苦し。
(3) 먼 사촌보다 가까운 _____웃이 낫다. 遠いいとこより近くの隣人がよい。

解答は p.158〜p.159

Exercise 2 (p.154) の答えと解説

1. ㄴ音が挿入されるものは「열여섯 16」、「열일곱 17」、「열여덟 18」ですが、これらはㄴ音が挿入された後、流音化が起こります。また、これらは連音化して発音する場合（[여려섣]、[여릴곱]、[여려덜]）もありますが、CDではㄴが挿入された場合を読みます。

1	하나	11	*열하나[열하나]/[여라나]
2	둘	12	열둘
3	셋[셛]	13	열셋[열셛]
4	넷[넫]	14	열넷[열렏]
5	다섯[다섣]	15	열다섯[열다섣]
6	여섯[여섣]	16	열여섯[여려섣]/[열녀섣→열려섣]
7	일곱	17	열일곱[여릴곱]/[열닐곱→열릴곱]
8	여덟[여덜]	18	열여덟[여려덜]/[열녀덜→열려덜]
9	*아홉[아홉]/[아옵]	19	**열아홉[여라홉]/[여라옵]
10	열	20	스물

　＊「아홉 9」と「열하나 11」はそのまま発音する場合とㅎの弱化が起こる場合（[아옵]、[여라나]）があります。

　＊＊「열아홉 19」は連音化が起こる場合（[여라홉]）とㅎの弱化が起こる場合（[여라옵]）があります。

> **TIP**
> 　「～6、～7、～8」で終わる固有数詞は、連音化する場合とㄴ音が挿入される場合があります。
>   ex) 스물여섯[스무려섣]/[스물녀섣→스물려섣]26（固有数詞）
> 　　　서른일곱[서르닐곱]/[서른닐곱]37（固有数詞）
> 　　　마흔여덟[마흐녀덜(마으녀덜)]/[마흔녀덜(마은녀덜)]48（固有数詞）

2.「a～j」は韓国の地下鉄の駅名ですが、終声の後に母音여が来るので、すべてㄴ音が挿入されて[녁]と発音します。

a. 강남역（강남 江南＋역 駅）[강남녁]江南駅
b. 역삼역（역삼 駅三＋역 駅）[역삼녁]駅三駅
c. 삼성역（삼성 三成＋역 駅）[삼성녁]三成駅
d. 압구정역（압구정 狎鷗亭＋역 駅）[압꾸정녁]狎鷗亭駅（濃音化 p.109 参照）
e. 사당역（사당 舎堂＋역 駅）[사당녁]舎堂駅
f. 시청역（시청 市庁＋역 駅）[시청녁]市庁駅
g. 신도림역（신도림 新道林＋역 駅）[신도림녁]新道林駅
h. 신촌역（신촌 新村＋역 駅）[신촌녁]新村駅
i. 종각역（종각 鍾閣＋역 駅）[종각녁→종강녁]鍾閣駅（鼻音化 p.71 参照）
j. 동대문역（동대문 東大門＋역 駅）[동대문녁]東大門駅

3.
(1) ②신혼여행（신혼 新婚＋여행 旅行）[신혼녀행]/[시논녀행]新婚旅行（ㅎ弱化 p.139 参照）
(2) ②지하철역（지하철 地下鉄＋역 駅）[지하철력]/[지아철력]地下鉄の駅（ㅎ弱化 p.139 参照）
(3) ②십육 일（십육 16＋일 日）[심뉴길]16 日
(4) ①휘발유（휘발 揮発＋유 油）[휘발류]ガソリン
(5) ①삼십육（삼십 30＋육 6）[삼십뉴→삼심뉴]36
(6) ②꽃잎（꽃 花＋잎 葉）[꼰닙]花びら

> TIP 「16、26、36…」などのように「～6」で終わる漢数詞は、すべてㄴ音の挿入が起こりますが、これらはㄴ音が挿入された後、鼻音化も起こります。また、この場合は連音化しないので、注意しましょう。
>
> ex) 십육[십뉴→심뉴]（○）/[시뷕]（×）16（漢数詞）
> 이십육[이십뉴→이심뉴]（○）/[이시뷕]（×）26（漢数詞）
> 삼십육[삼십뉴→삼심뉴]（○）/[삼시뷕]（×）36（漢数詞）

Exercise 3 (p.155) の答えと解説

1. 「a～i」は「일（仕事、こと）」が付いた合成語ですが、終声の後に母音이が来るので、すべてㄴ音が挿入されて[닐]と発音します。

   a. 부엌일（부엌 台所＋일 仕事、事）[부억닐→부엉닐]台所の仕事（鼻音化p.71参照）
   b. 밤일（밤 夜＋일 仕事、事）[밤닐]夜なべ
   c. 앞일（앞 前＋일 仕事、事）[압닐→암닐]未来のこと（鼻音化p.71参照）
   d. 집안일（집안 家の中＋일 仕事、事）[지반닐]家事
   e. 잡일（잡 雑-＋일 仕事、事）[잡닐→잠닐]雑用（鼻音化p.71参照）
   f. 막일（막 手当たり次第-＋일 仕事、事）[막닐→망닐]力仕事（鼻音化p.71参照）
   g. 큰일（큰 大きな＋일 仕事、事）[큰닐]/[크닐]大変な事
   h. 볼일（볼 見る（連体形）＋일 仕事、事）[볼닐→볼릴]用事（流音化p.133参照）
   i. 세상 일（세상 世の中＋일 仕事、事）[세상닐]世事

2. ㄴ音が挿入されるものは「a. 두통약、c. 물약、e. 소독약、f. 내복약、g. 알약」です。

   a. 두통약（두통 頭痛＋약 薬）[두통냑]
   b. 감기약 風邪薬→発音変化はありません。
   c. 물약（물 水＋약 薬）[물냑→물략]
   d. ＊안약[아냑]目薬
   e. 소독약（소독 消毒＋약 薬）[소독냑→소동냑]（鼻音化p.71参照）
   f. 내복약（내복 内服＋약 薬）[내복냑→내봉냑]（鼻音化p.71参照）
   g. 알약（알 玉＋약 薬）[알냑→알략]錠剤（流音化p.133参照）
   h. ＊농약 農薬→発音変化はありません。

   ＊「d. 안약 目薬」と「h. 농약 農薬」は終声の後に母音「야」が来ますが、これらの場合、ㄴ音は挿入されません。このような例外的な場合は個別に覚えましょう。また、「독약（독 毒＋약 薬）毒薬」の場合も同様にㄴ音が挿入されず[도갹]と連音化して発音します。

3. (1) 어떤 여자가[어떤녀자가]ある女の人が
   (2) 정차할 역은[정차할녁→정차할력]停車する駅は（流音化 p. 133 参照）
      서울역입니다[서울녀김니다→서울려김니다]ソウル駅です
                                                    （流音化 p. 133、鼻音化 p. 71 参照）
   (3) 무슨 일로[무슨닐로]何のご用で
   (4) 집 열쇠가[집녈쇠가→짐녈쇠가]家の鍵が（鼻音化 p. 71 参照）

4. (1) 할 일을[할니를→할리를]すべき事を（流音化 p. 133 参照）
      今日すべき事を明日に延期するな。
   (2) 좋은 약은[조은냐근]良い薬は（ㅎ弱化 p. 139 参照）
      「良薬は口に苦し」という意味です。
   (3) 가까운 이웃이[가까운니우시]近くの隣人が
      「遠くの親戚より近くの他人」と言う意味です。

「예쁜 옷[예쁜녿]かわいい服」、「많은 아이[마느나이]たくさんの子供」のように「連体形＋名詞」の場合も連音化して発音します。しかし、連体形の後に来る名詞が야、여、요、유、이で始まる場合は連音化しません。

ex) 쓴 약[쓴냑] (○)/[쓰냑] (×) 苦い薬
　　넓은 역[널븐녁] (○)/[널브녁] (×) 広い駅
　　할 일[할릴] (○)/[하릴] (×) やること
　　한 일[한닐] (○)/[하닐] (×) したこと
　　맛있는 요리[마신는뇨리] (○)/[마신느뇨리] (×) 美味しい料理

また、次のように「冠形詞＋名詞」の場合も連音化しません。

ex) 한 여자[한녀자] (○)/[하녀자] (×) ある女
　　모든 일[모든닐] (○)/[모드닐] (×) すべてのこと
　　어떤 일[어떤닐] (○)/[어떠닐] (×) どんなこと
　　무슨 요리[무슨뇨리] (○)/[무스뇨리] (×) 何の料理

＊冠形詞とは、「或る、あらゆる」などのように、日本語の連体詞に当たるもので、名詞の前に来てその名詞と関係を結ぶ単語です。

ただし、下のように「몇（何～）」が付いた場合は連音化します。

ex) 몇월[멷월→며둴] (○)/[멷뉠→면뉠] (×) 何月
　　몇 인분[멷인분→며딘분] (○)/[멷닌분→면닌분] (×) 何人前
　　몇 인칭[멷인칭→며딘칭] (○)/[멷닌칭→면닌칭] (×) 何人称

WARMING-UP

CDを聴いて下線部の発音を選んでみましょう。 🎧-248

1. 해돋이를 보러 갔어요.
① [해도디를]　② [해도지를]

2. 맏이하고 막내는 성격이 달라요.
① [마디하고]　② [마지하고]

3. 문이 닫혔어요.
① [다처써요]　② [다텨써요]

4. 보물이 묻혀 있어요.
① [무처]　② [무텨]

解答は p. 164

(1) 口蓋音化 🎧-249

終声ㄷ、ㅌの後に母音이が来ると、ㄷ、ㅌは口蓋音ㅈ、ㅊに変わり[지、치]と発音されます。このような発音変化を口蓋音化と言います。

굳이[구지]（◯）/[구디]（×）あえて

같이[가치]（◯）/[가티]（×）一緒に

ㄷ+이→지

ㅌ+이→치

[디]、[티]と発音しません。

(2) 終声ㄷ+히の場合 🎧-250

終声ㄷの後に使役や受け身の意味を表す接尾辞「-히」が来る時も[치]と発音されます。

굳히다[구치다]（◯）/[구티다]（×）固める

묻히다[무치다]（◯）/[무티다]（×）埋まる、つける

ㄷ+히→치

티と発音しません。

> **TIP**
> 合成語では終声ㄷ、ㅌの後に母音이で始まる単語が来ても口蓋音化は起こりませんが、このような例はほとんどありません。
> ex) 홑이불[혼니불→혼니불]（◯）/[호치불]（×）一重の掛け布団
> （ㄴ音の挿入 p.149 参照、鼻音化 p.71 参照）

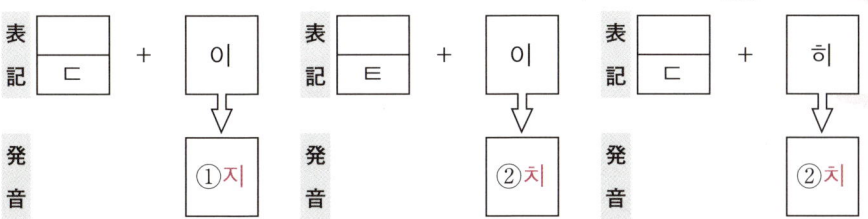

表記	ㄷ	+ 이	表記	ㅌ	+ 이	表記	ㄷ	+ 히
発音		①지	発音		②치	発音		②치

① ㄷ + 이 → 지　🎧-251
곧이[고지]偽りなく/미닫이[미다지]引き戸
② ㅌ + 이 → 치　🎧-252
밑이[미치]下が/밭이[바치]畑が/팥이[파치]小豆が/솥이[소치]釜が/붙이다[부치다]つける/샅샅이[산싸치]くまなく
③ ㄷ + 히 → 치　🎧-253
닫히다[다치다]閉まる/묻히다[무치다]埋められる/걷히다[거치다]雲などが晴れる
＊ただし、「밭은[바튼]畑は」、「밭을[바틀]畑を」、「밭에[바테]畑に」のように、「이」以外の母音の場合は連音化が起こります。

(3) 二重子音の終声ㄾ＋이の場合　🎧-254

　二重子音の終声ㄾの後に母音이が来ても口蓋音化（ㄾ＋이→ㄹ＋치）が起こります。このような例は少なく、たとえば「훑이다[훌치다]しなびる」、「훑이다[훌치다]減って少なくなる」などがありますが、これらは会話ではあまり使われません。

　　　핥이다[할치다]（〇）/[할티다]（×）なめられる、なめさせる

口蓋音化

部分に注意しながら、CDの音声の後について発音してみましょう。 🎧-255

1
해돋이를 보러 갔어요.
日の出を見に行きました。

해돋이 [해도지]
日の出

2
맏이하고 막내는 성격이 달라요.
長男（長女）と末っ子は性格が違います。

맏이 [마지]
長子

3
문이 닫혔어요.
ドアが閉まりました。

닫혔어요 [다처써요]
閉まりました
（おまけ p.168 参照）

4
보물이 묻혀 있어요.
宝物が埋まっています。

묻혀 [무처] 埋まって
（おまけ p.168 参照）

p.161 の解答：1.② 2.② 3.① 4.①

Exercise 1 🎧-256〜258

1. 下線部が発音通りに表記されたものを選んでみてください。その後、CDを聴きながら発音を確認してみましょう。🎧-256
   - (1) 굳이　あえて　　　　　①[구지]　　②[구디]
   - (2) 밭입니다　畑です　　　①[바팀니다]　②[바침니다]
   - (3) 바깥이　外が　　　　　①[바까치]　②[바까티]
   - (4) 피붙이　血縁の間柄　　①[피부티]　②[피부치]
   - (5) 굳혔다　固めた　　　　①[구천따]　②[구턀따]

2. 助詞「-같이（〜のように）」は比喩を表す表現なので、次のようにさまざまな名詞に付くことができます。下線部の「-같이」の発音に注意しながら、CDの音声の後について発音してみましょう。🎧-257
   - (1) 꽃같이 예뻐요.　　花のようにきれいです。
   - (2) 천사같이 착해요.　天使のようにやさしいです。
   - (3) 시계같이 정확해요.　時計のように正確です。
   - (4) 얼음같이 차가워요.　氷のように冷たいです。
   - (5) 모델같이 날씬해요.　モデルのようにすらりとしています。

3. CDを聴いて口蓋音化が起こるところを探してみましょう。🎧-258
   - (1) 공원 한가운데에 작은 꽃밭이 있다.　公園の真ん中に小さな花畑がある。
   - (2) 모든 의혹을 낱낱이 밝히겠다.　すべての疑惑を1つ残らず明らかにする（意志）。
   - (3) 해도 해도 끝이 없네.　やってもやっても切りが無いね。
   - (4) 구름이 걷히자 맑은 하늘이 보였다.　雲が晴れると、晴れ渡った空が見えた。
   - (5) 요즘 이 노래에 꽂혔다.　最近、この歌にはまっている。
   - (6) 굳이 말을 할 필요는 없을 것이다.　あえて話す必要はないだろう。

解答は p.166

Exercise 1 (p.165) の答えと解説

1. (1) ㄷ＋이→지 ••• ①굳이[구지]あえて
   (2) ㅌ＋이→치 ••• ②밭입니다[바침니다]畑です
   (3) ㅌ＋이→치 ••• ①바깥이[바까치]外が
   (4) ㅌ＋이→치 ••• ②피붙이[피부치]血縁の間柄
   (5) ㄷ＋히→치 ••• ①굳혔다[구천따]固めた（おまけ p. 168 参照）

2. ㅌ＋이→[치] ••• -같이[가치]～のように
   (1) 꽃같이[꼳가치→꼳까치]花のように
   (2) 천사같이[천사가치]天使のように
   (3) 시계같이[시계가치]時計のように
   (4) 얼음같이[어름가치]氷のように
   (5) 모델같이[모델가치]モデルのように

3. (1) ㅌ＋이→[치] ••• 꽃밭이[꼳빠치]花畑が（濃音化 p. 109 参照）
   (2) ㅌ＋이→[치] ••• 낱낱이[낟나치→난나치] 1つ残らず（鼻音化 p. 71 参照）
   (3) ㅌ＋이→[치] ••• 끝이[끄치]切りが
   (4) ㄷ＋히→[치] ••• 걷히자[거치자]（雲、霧などが）晴れると
   (5) ㄷ＋히→[치] ••• 꽂혔다[꼳혈따→꼬천따]ぞっこんだ、夢中だ、惚れ込んだ
   　　　　　　　　　　　　　　　　　　　　　　（おまけ p. 168 参照）
   (6) ㄷ＋이→[지] ••• 굳이[구지]あえて

> **TIP**
>
> 「꽂히다[꼬치다]差しこまれる、刺さる」は「꽂다 差しこむ、刺す」に受け身を表す接尾辞「-히」が付いた受身形です。たとえば、「꽃이 꽃병에 꽂혀 있다（花が花瓶に挿されている）、가시가 꽂혔다（とげがささった）」という例文で使われますが、会話では「～にぞっこんだ、夢中だ、メロメロだ」という意味でもよく使われます。また、「필（フィール、feel）」と一緒に使われた「필이 꽂이다 ハートに火が付く」という形も会話でよく使われます。

おまけ

(1) 「ㅖ」の発音

(2) 用言の活用形に現れる「져、쪄、쳐」の発音

(3) 語末の「ㅚ」の発音

(4) 語末の「ㅗ」の発音

(5) 頭音規則

(6) 頭音規則の例外

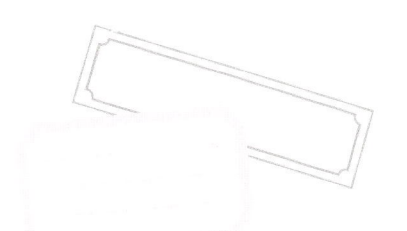

(1)「ㅖ」の発音

「예、례」以外の「ㅖ(계、폐、혜)」は[ㅔ(게、페、헤)]とも発音します。

ex) 시계[시계]/[시게]時計
　　계시다[계시다]/[게시다]いらっしゃる
　　개폐[개폐]/[개페]開閉
　　지혜[지혜]/[지헤]知恵
　　혜택[혜택]/[헤택]恵み

もちろん、「예、례」の場合は[ㅔ]とは発音しないので、注意しましょう。

ex) 예절[예절]（○）/[에절]（×）礼儀
　　실례[실례]（○）/[실레]（×）失礼

(2) 用言の活用形に現れる「져、쪄、쳐」の発音

用言の活用形に現れる「져、쪄、쳐」の標準発音は[저、쩌、처]です。

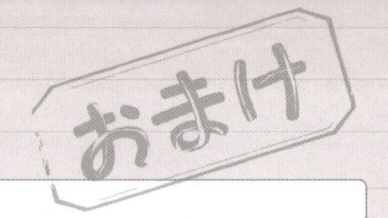

ex) 가져[가저]持って
　　살이 쪘어요[쩌써요]太りました
　　다쳐요[다처요]けがをします
　　닫혀 있어요[다처이써요]閉まっています（口蓋音化 p.161 参照）
　　굳혔어요[구처써요]固めました（口蓋音化 p.161 参照）

(3) 語末の「ㅛ」の発音

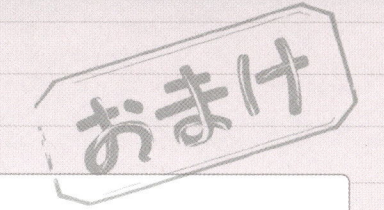

　語末の「ㅛ」は、標準発音は[ㅛ]ですが、会話では[ㅕ]と発音されることが多いです。ただし、スペルは変わりませんので注意しましょう。

　　ex) 안녕하세요?[안녕하세요]/[안녕하세여]こんにちは
　　　　여보세요[여보세요]/[여보세여]もしもし
　　　　왜요?[왜요]/[왜여]なぜですか？
　　　　저요?[저요]/[저여]私ですか？

(4) 語末の「ㅗ」の発音

　語末の「ㅗ」は、標準発音は[ㅗ]ですが、会話では[ㅜ]と発音されることが多いです。ただし、スペルは変わりませんので注意しましょう。

　　ex) 그리고 [그리고]/[그리구]そして
　　　　나도 [나도]/[나두]私も
　　　　보고 싶어 [보고시퍼]/[보구시퍼]会いたい
　　　　집에 가려고요[집에가려고요]/[집에가려구여]
　　　　　　　　　　　　　　　　家に帰ろうと思っています。

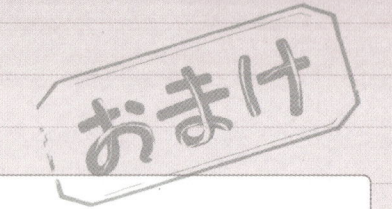

(5) 頭音規則

ㄴ、ㄹで始まる語頭の漢字音は、母音ㅑ、ㅕ、ㅛ、ㅠ、ㅣの前でㅇに変わります。また、ㄹで始まる語頭の漢字音はㅏ、ㅓ、ㅗ、ㅜ、ㅡ、ㅐ、ㅔ、ㅚの前でㄴに変わります。このような発音変化を頭音規則と言います。この場合、発音だけでなく、スペルも変わりますので注意しましょう。

① ㄴの場合：語頭の漢字音「냐、녀、뇨、뉴、니」→「야、여、요、유、이」

자녀 子女　VS　여자（○）／녀자（×）女子

은닉 隠匿　VS　익명（○）／닉명（×）匿名

＊語頭以外では変わりません。

② ㄹの場合①：語頭の漢字音「랴、려、료、류、리」→「야、여、요、유、이」

개량 改良　VS　양심（○）／량심（×）良心

하류 下流　VS　유행（○）／류행（×）流行

＊語頭以外では変わりません。

③ ㄹの場合②：語頭の漢字音「라、러、로、루、르、래、레、뢰」→「나、너、노、누、느、내、네、뇌」

추락 墜落　VS　낙하（○）／락하（×）落下

쾌락 快楽　VS　낙원（○）／락원（×）楽園

＊語頭以外では変わりません。

おまけ

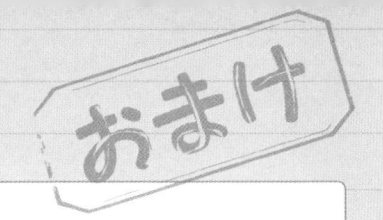

①語頭の漢字音「냐、녀、뇨、뉴、니」→「야、여、요、유、이」
남녀 男女 VS 여성 女性/소년 少年 VS 연도 年度/연년생 年子（年年生）
②語頭の漢字音「랴、려、료、류、리」→「야、여、요、유、이」
재료 材料 VS 요리 料理/수력 水力 VS 역학 力学/교류 交流 VS 유행 流行/이륙 離陸 VS 육상 陸上/설립 設立 VS 입체 立体/논리 論理 VS 이론 理論/편리 便利 VS 이익 利益/실례 失礼 VS 예의 礼儀/열렬하다 熱烈だ VS 열사 烈士
③語頭の漢字音「라、러、로、루、르、래、레、뢰」 →「나、너、노、누、느、내、네、뇌」
도로 道路 VS 노선 路線/경로 敬老 VS 노인 老人/피로 疲労 VS 노동 労働/왕래 往来 VS 내일 来日（明日）/고랭지 高冷地 VS 냉동 冷凍、냉면 冷麺、냉장고 冷蔵庫/토론 討論 VS 논문 論文/냉랭하다（冷冷-）冷たい/늠름하다 凛々しい

TIP

韓国では頭音規則に従って表記しますが、北朝鮮では頭音規則を認めていません。したがって、この頭音規則は韓国と北朝鮮の言葉の違いを感じさせる理由の1つでもあります。

例	韓国	北朝鮮
料	요리（料理）	료리（料理）
女	여자（女子）	녀자（女子）

(6) 頭音規則の例外

①固有語や外来語は頭音規則が適用されません。

ex) 냠냠　もぐもぐ美味しそうに食べる様子
　　 녀석　やつ
　　 닢　枚（硬貨・ござなどを数える単位）
　　 라디오　ラジオ
　　 리본　リボン

②依存名詞の「ㄴ、ㄹ」は頭音規則が適用されません。

ex) 몇 년[몃년→면년]何年
　　 금 한 냥　金1両
　　 십 리[심리]10里
　　 그럴 리가 없다.　そんなはずがない

cf) 연말　年末／연시　年始／연초　年初

③漢字語「렬、률」は、母音や終声ㄴの後で「열、율」になります。

렬		
	母音や終声ㄴの後⇒열	その他⇒렬
列	진열 陳列／서열 序列／나열 羅列	일렬 一列／정렬 整列／병렬 並列
裂	파열 破裂／분열 分裂／균열 亀裂	결렬 決裂
烈	선열 先烈（烈士）	강렬 強烈／장렬 壮烈
劣	우열 優劣／비열 卑劣	졸렬 拙劣

률		
	母音や終声ㄴの後⇒율	その他⇒률
律	계율 戒律／불문율 不文律	법률 法律／일률 一律
率	실패율 失敗率／백분율 百分率／할인율 割引率／환율 換率（為替レート）	수익률 収益率／자살률 自殺率／실업률 失業率／성공률 成功率／시청률 視聴率／경쟁률 競争率
慄	전율 戦慄	

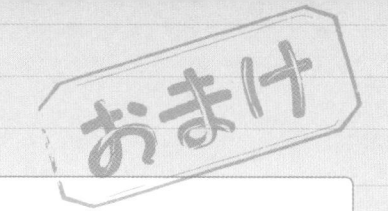

④漢字語「란、량」は固有語や外来語の後で「난、양」になります。

	漢字語の後	固有語や外来語の後
란 (欄)	광고란 広告欄/구인란 求人欄/ 독자란 読者欄/비고란 備考欄	어린이난 子供欄/가십난 ゴシップ欄
량 (量)	거래량 取引量/생산량 生産量/ 운동량 運動量/작업량 作業量	구름양 雲量/먹이양 餌の量/알코올양 アルコール量/칼슘양 カルシウム量

⑤ㄹで始まる苗字や名前の場合は頭音規則と関係なく使えます。
    ex) 李（苗字）　이　VS　리
       林（苗字）　임　VS　림
       柳（苗字）　유　VS　류
       烈　최병렬（崔秉烈）　VS　선동열（宣銅烈）
       麟　최린（崔麟）　VS　김인우（金麟雨）

TIP

「륙（六）」も語頭以外では「육」に変わりますが、「16、26、36…」のような場合は合成語とみて「육」と表記します。

語頭	語頭以外
육십 60/육 층 6階/육 번 6番	오륙 5、6/오륙 층 5、6階/사륙 4、6

  cf) 십육　（십＋육）　［십뉴→심뉵］16
      이십육　(이십＋육)　［이십뉵→이심뉵］26
      삼십육　(삼십＋육)　［삼십뉵→삼심뉵］36

耳にスイスイ
これで完璧！
韓国語の発音マスターノート

著者紹介

金珉秀（キム ミンス）
韓国ソウル生まれ。
韓国 徳成女子大学 日語日文学科卒業。
筑波大学大学院 文芸・言語研究科博士課程修了。
言語学博士。専門は日韓対照言語学、意味論。
韓国政府　文化体育観光部 発行「韓国語教員資格」取得。
　　　　　教育科学技術部 発行「中等学校正教師（日本語）資格」取得。
現在、国際基督教大学（ICU）、国士舘大学、筑波学院大学、駐日韓国文化院世宗学堂韓国語講師。
著書
『間違いだっておもしろい！わらってわらって韓国語』(2007) 駿河台出版社
『聴くだけのらくらく！カンタン韓国語─旅行会話編─』(2008) 駿河台出版社
『韓国語能力試験初級［1級・2級］対策単語集』(2009) 駿河台出版社
『もぐもぐモゴヨ：日本語から覚えるカンタン韓国語』(2010) 駿河台出版社
『韓国語能力試験中級［3級・4級］対策単語集』(2011) 駿河台出版社

発行者
発行所

井田洋二
株式会社　駿河台出版社
〒101-0062 東京都千代田区神田駿河台 3-7
電話 03(3291)1676（代）　FAX 03(3291)1675
http://www.e-surugadai.com

装丁・本文デザイン　ヨム ソネ
イラスト　ヨム ソネ

組版　フォレスト
印刷・製本　フォレスト

2012年9月1日　初版発行
ISBN978-4-411-03078-8 C1087